Frank Matheus

# Einführung in das Biblische Hebräisch: Studiengrammatik

# Münsteraner Einführungen
## – Theologische Arbeitsbücher –

Band 1

LIT

Frank Matheus

# Einführung in das Biblische Hebräisch: Studiengrammatik

*6. Auflage*

LIT

**Bibliografische Information der Deutschen Nationalbibliothek**
Die Deutsche Nationalbibliothek verzeichnet diese Publikation in der Deutschen Nationalbibliografie; detaillierte bibliografische Daten sind im Internet über http://dnb.d-nb.de abrufbar.

6. Auflage 2009

ISBN 978-3-8258-3171-4



Verlagskontakt:
Fresnostr. 2 D-48159 Münster
Tel. +49 (0) 2 51-620 320 Fax +49 (0) 2 51-922 60 99
e-Mail: lit@lit-verlag.de http://www.lit-verlag.de

**Auslieferung:**

Deutschland: LIT Verlag Fresnostr. 2, D-48159 Münster
Tel. +49 (0) 2 51-620 32 22, Fax +49 (0) 2 51-922 60 99, e-Mail: vertrieb@lit-verlag.de

Österreich: Medienlogistik Pichler-ÖBZ GmbH & Co KG
IZ-NÖ, Süd, Straße 1, Objekt 34, A-2355 Wiener Neudorf
Tel. +43 (0) 22 36-63 53 52 90, Fax +43 (0) 22 36-63 53 52 43, e-Mail: mlo@medien-logistik.at

Schweiz: B + M Buch- und Medienvertriebs AG
Hochstr. 357, CH-8200 Schaffhausen
Tel. +41 (0) 52-643 54 30, Fax +41 (0) 52-643 54 35, e-Mail: order@buch-medien.ch

Prof. Dr. Dieter Vetter gewidmet

# Aus dem Vorwort zur ersten Auflage

(Die Studiengrammatik) bemüht sich, die Hebräische Bibel mit den Augen der Anfängerinnen und Anfänger zu sehen, die durch die erste Begegnung mit dieser neuen und fremden Welt in Verwirrung und Verwunderung gestürzt werden. Diese Gefühle in Staunen und Bewunderung und Fremdheit in Nähe zu wandeln, ist das Ziel dieser Grammatik; sie will die Eindrücke und Fragen strukturieren und ordnen helfen und so ein Mittel an die Hand geben, das die Schönheit, Tiefe und Prägnanz der hebräischen Sprache erschließen hilft. Sie verzichtet deshalb bewusst auf eine sprach- und lautgeschichtliche Detaildarstellung, die die Studierenden in der Anfangsphase eher überfordert denn zur Klärung führt.

Grammatik ist nichts anderes als ein Beschreibungs-System, das ordnend und strukturierend Beobachtungen der Sprachwirklichkeit wiedergibt. Grammatik ist nicht kreativ, sie stellt keine Regeln auf, nach denen die Sprache sich zu richten hätte. Ihre Aufgabe ist allein passiv, nachvollziehend. Die hebräische Studiengrammatik bemüht sich deshalb, Beobachtungen der Studierenden aufzugreifen und zu systematisieren, Zusammenhänge zu erschließen und den Fragenden neue Perspektiven zu eröffnen. Sie möchte so die Begegnung der und des Einzelnen mit der Hebräischen Bibel moderieren und dabei selber im Hintergrund bleiben - also kein klassisches Lehrbuch sein, das „Lernstoff" bietet und abfragbares Wissen produziert, welches aber nicht unbedingt von Einsicht und Verstehen zeugt. Auch die beigefügten Paradigmen wollen nicht verstanden werden als auswendig zu lernende Tabellen, sondern als Anregung, eigene Parallelen zu ziehen und Analogien zu erkennen.

Die Studiengrammatik ist in den Jahren 1994 - 96 in die vorliegende Form gebracht worden; dabei war und ist mir der Dialog mit den Studentinnen und Studenten am wichtigsten, die mit ihren Fragen und Anregungen, aber auch durch tatkräftige Hilfe wesentlich für die Ausgestaltung verantwortlich sind. Besonders zu danken habe ich stud. theol. Stephan Draheim, Christian Fabritz, Susanne Gessner, Frank Schmitte und Ramona Vauseweh.

Münster, zur Weihnachtszeit 1996 Frank Matheus

## Vorwort zur sechsten Auflage

Die hier vorliegende sechste Auflage ist eine durchgesehene und berichtigte Ausgabe der völligen Neubearbeitung der fünften. Sie zeichnet sich aus durch eine benutzerfreundliche Anordnung der Elemente und Tabellen, bessere Lesbarkeit und zahlreiche zusätzliche Beispiele in Text und Paradigmen. Außerdem wurde der Text behutsam der neuen deutschen Schreibweise angeglichen.

Münster, im Sommer 2009 ....................................Frank Matheus

# Inhalt

## F Paradigmen

## G Anhang

# *A. Schrift und Laute*

## 1. Die masoretische Überlieferung

Der Text der hebräischen Bibel wurde zunächst nur in seinem Konsonantenbestand überliefert; erst später kamen zu seiner grammatikalischen Vereindeutigung und aus Gründen der Aussprachesicherung die phonetischen Zeichen hinzu. Träger und Bewahrer der biblischen Tradition waren die Masoreten, die die Hebräische Bibel für den gottesdienstlichen Gebrauch und das Studium abschrieben und präparierten (מָסוֹרֶת). Unsere Bibelausgabe, die BHS (Biblia Hebraica Stuttgartensia), folgt der Handschrift L aus dem Jahre 1008, dem Codex Leningradensis (B 19$^{A}$).

Es mag überraschen, dass die Textgrundlage im Vergleich zu neutestamentlichen Funden recht jung ist. Dies erklärt sich aus der Tatsache, dass Rollen, die nicht mehr für den synagogalen Gebrauch geeignet waren, begraben, und Texte, die nicht dem hohen Standard entsprachen, aussortiert wurden.

Das älteste vollständige biblische Buch, das bis heute gefunden wurde, ist das des Propheten Jesaja: Die berühmte Rolle 1QIs$^{a}$ aus den Höhlen Qumrans ist gut 1000 Jahre älter als L. Vergleiche zwischen diesen beiden Texten demonstrieren eindrücklich die Qualität der masoretischen Überlieferung: Zwar gibt es einige hundert Abweichungen, aber diese sind zu allermeist orthographischer Natur (plene/defektiv), so dass L im wesentlichen bestätigt ist.

Die hebräische Bibel gehört zur bestüberlieferten Literatur der Weltgeschichte, und aus heutiger Sicht ist die Leistung der Masoreten nicht genug zu würdigen: Sie haben bei ihrer bewahrenden, überaus sorgfältigen Arbeit nie Verbesserungen am Text vorgenommen, sondern Kommentare und Berichtigungen an den Rand geschrieben (sog. Randmasora, *masora parva*), auf die durch einen kleinen Kreis (circellus, °) über dem Wort bzw. über der Wortverbindung im Text hingewiesen wird. Durch diese Methode wird sichergestellt, dass der Text nicht in jeder Generation neu manipuliert und verändert wird. Zugleich stellt die statistische Arbeit, die nicht nur Besonderheiten des Textes bemerkt, sondern jeden einzelnen Buchstaben verwaltet, den Konsonantentext sicher: So findet sich am Ende eines jeden Buches eine genaue Auflistung, aus wie vielen Versen ein Buch besteht (sog. Schlussmasora) - etwa am Ende von Genesis der Hinweis, dass das Buch 1534 Verse zählt -, und es wird sogar die Mitte eines jeden Buches festgehalten (vgl. die Randmasora zu Jer 28,11) und die Mitte der einzelnen Abschnitte der Hebräischen Bibel (Tora: Lev 8,8, Propheten: Jes 17,3).

- Gen 4,1 wird mit einer Kopula eingeleitet: „Und der Mensch ...". Um sicherzustellen, dass niemand dieses ungewöhnliche „Und" am Anfang einer Erzählung streicht, um den Text zu „verbessern", weisen die Masoreten am Rand mit einem *lamed* darauf hin, dass sie durchaus gesehen haben, dass diese Einleitung sonst nicht mehr vorkommt, aber die Auffassung vertreten, dass die Konsonanten durchaus ihren Sinn haben und nicht verbessert werden dürfen. Das ל ist hier eine Abkürzung für den aramäischen Ausdruck לָא אִיתַי („das gibt es nicht"). Da die Masoreten die lingua franca jener Zeit benutzten, sind die meisten Anmerkungen am Rand aramäisch.
- In Gen 12,8 findet sich eine seltene Form für das ePP 3.Sg.m.; es wird hier mit *he* statt *waw* geschrieben. Im Konsonantentext lassen die Masoreten die Form unangetastet; sie schreiben aber an den Rand, wie die richtige Form lautet. Im Text werden die Vokale des geschriebenen Wortes (*k*ᵉ*tib*; „es ist geschrieben") ersetzt durch die

Vokale des am Rande stehenden richtigen Wortes (*q$^{e}$re*; „es ist zu lesen"), ʼ*oholo*, sein Zelt:

| **q$^{e}$re** | **k$^{e}$tib** |
|---|---|
| אהלו<br>*Die richtigen Buchstaben am Rand ohne Vokale* | אָהֳלֹה<br>*Die unverbesserten Konsonanten im Text mit der richtigen Vokalisation* |

Die kleinen arabischen Zahlen der Randmasora beziehen sich auf den Apparat zwischen dem Text der BH und dem textkritischen Apparat. Dort finden sich Hinweise wie „Mm 83". Diese Abkürzung verweist auf die „Masora magna" (Masora g$^{e}$dolah), die als eigenständiger Band vom Bearbeiter der Randmasora der BHS, G. Weill, herausgegeben worden ist. Dort findet man unter dem Eintrag Nr. 83 alle Stellen, an denen *he* anstelle von *waw* auftaucht.

- Der Gottesname wird im Judentum aufgrund seiner Heiligkeit nicht ausgesprochen; Menschen sollen SEINEN Namen nicht missbrauchen - und da Menschen immer irrtumsfähig sind, kann selbst in der besten Absicht eine Lästerung liegen. Schon in biblischen Zeiten wurde der Name Gottes deshalb umschrieben; immer, wenn die Konsonanten des Namens יהוה auftauchen, werden sie deshalb durch Vokalzeichen anderer Begriffe ersetzt (*q$^{e}$re perpetuum*):

יְהֹוִה ← אֱלֹהִים „*Gott*“

יְהֹוָה ← אֲדֹנָי „*Herr*“

יְהָוָה ← שְׁמָא *aramäisch*

„*der Name*“ = *hebräisch* הַשֵּׁם

Da das *jod* des Gottesnamens kein Guttural ist, entfällt bei den ersten beiden Lesarten der *chatef*-Laut (→ 25); es reicht hier ein *schwa mobile* (→ 26). Auch wird bei Elohim der *o*-Laut nicht transferiert. Die Lesart *ha-schem* ist die häufigste.
Durch die Vermischung der Vokale von *Adonai* und der Buchstaben des Tetragramms ist es zur folgenschweren Verlesung “Jehova” gekommen.

Eine Übersicht über die Abkürzungen der Masoreten bietet der Einleitungsteil der BHS.

In die BHS eingelegt findet man ein schmales Blatt, das ebenfalls auf die masoretische Arbeit Bezug nimmt: die Betonungszeichen. Neben den Vokalen haben die Masoreten auch musikalische Zeichen eingefügt, die die Satzmelodie andeuten und den Lesenden wertvolle Hilfe bei der richtigen Betonung der Wörter und Satzteile bieten. Die Betonung liegt immer dort, wo die Masoreten den Akzent gesetzt haben; dabei ist es gleichgültig, ob der Akzent unter- oder oberhalb der Linie steht und ob er eine trennende oder verbindende Funktion hat.

Die wichtigsten trennenden Akzente sind *Soph pasuq* (:), nach dem die Verseinteilung erfolgte, und *Atnaḥ* (‸), der einem Halbvers entspricht. Wörter, die an diesen Stellen im Satz stehen, sind besonders betont, was sich oftmals morphologisch bemerkbar macht: Sie stehen *in pausa (i.p.)* und erhalten einen längeren Vokal.

## 2. Das Alefbet

### 2.1 Die hebräische Quadratschrift

Das Hebräische ist eine reine Konsonantenschrift; die Kombination der Konsonanten - mit wenigen Andeutungen von Vokalen - reicht völlig aus, um Lesenden die zum Verstehen notwendigen morphologischen Informationen zukommen zu lassen. Im heute gesprochenen Hebräisch („Ivrith") werden nur Konsonanten ausgeschrieben, während das biblische Hebräisch später zur sprachlichen Fixierung mit Vokalzeichen vereindeutigt wurde.

Die in der Bibel (und auch heute) verwendeten Quadratzeichen entstammen dem aramäischen Schriftbild, das sich in den letzten vorchristlichen Jahrhunderten gegenüber dem sogenannten althebräischen Typus durchsetzte.

Alle Konsonanten passen in ein Quadrat; lediglich einige Schlussbuchstaben durchbrechen es nach unten oder oben. Alle Konsonanten können von links oben nach rechts (unten) gezeichnet werden, wobei man zumeist mindestens einmal absetzen muss; nur beim *lamed* und wenigen anderen Buchstaben geht der Strich relativ schnell nach unten. Die schmaleren Buchstaben beginnen oben in der Mitte des Quadrats.

Das Hebräische wird von rechts nach links geschrieben.

## 2.2 Die Konsonanten des Alefbets

| Zeichen | Name | Umschrift | Zahlwert | Eigenarten |
|---|---|---|---|---|
| א | **)Alef** | ) | 1 (1000) | Guttural, auch Vokal-zeichen |
| ב | **Bet** | b (w) | 2 | Begadkefat |
| ג | **Gimel** | g | 3 | Begadkefat |
| ד | **Dalet** | d | 4 | Begadkefat |
| ה | **He** | h | 5 | Guttural, auch Vokal-zeichen |
| ו | **Waw (Wau)** | w | 6 | auch Vokal-zeichen |
| ז | **Zajin** | z | 7 | |
| ח | **Chet** | ḥ | 8 | Guttural |
| ט | **Tet** | ṭ | 9 | |
| י | **Jod** | j | 10 | auch Vokal-zeichen |

| Zeichen | Am Ende | Name | Umschrift | Zahlwert | Eigenart |
|---|---|---|---|---|---|
| כ | ךְ | **Kaf** | k (ch) | 20 (500) | Begadkefat |
| ל | | **Lamed** | l | 30 | |
| מ | ם | **Mem** | m | 40 (600) | |
| נ | ן | **Nun** | n | 50 (700) | |
| ס | | **Samech** | s | 60 | |
| ע | | **(Ajin** | ( | 70 | Guttural |
| פ | ף | **Pe** | p (f) | 80 (800) | Begadkefat |
| צ | ץ | **Zade** | ṣ (tz) | 90 (900) | |
| ק | | **Qof (Kof)** | q (k) | 100 | |
| ר | | **Resch** | r | 200 | verhält sich wie ein Guttural |
| שׂ | | **Sin** | s | 300 | |
| שׁ | | **Schin** | š (sch) | 300 | |
| ת | | **Taw (Tau)** | t | 400 | Begadkefat |

## 3. Die Vokalzeichen

Ursprünglich ist das Hebräische eine reine Konsonantenschrift. Erst im 5.Jh. unserer Zeit begannen die Masoreten, die Aussprache mit Hilfe von **Vokalzeichen** zu fixieren. Dabei gab es im Osten und Westen zunächst verschiedene Systeme, bis sich schließlich die tiberische Schreibweise der Familien Ben Ascher und Ben Naftali, die sich nur unwesentlich unterscheiden, durchsetzte. Sie verwendet ein System, das die Vokale ober- und unterhalb der Buchstaben mit Hilfe von Punkten andeutet. Deshalb wird die Vokalisation auch **Punktation** genannt (hebr.: נִקֻּד).

| Zeichen | Name | Lautwert | Bemerkung | Beispiel |
|---|---|---|---|---|
| אַ | *Pataḥ* | ă | immer kurz | הַלְלוּ |
| אָ | *Kamez* | ā | immer lang in offener Silbe | הָאָרֶץ |
| אָ | *Kamez chatuf* | å, o | immer kurz in geschlossener, unbetonter Silbe | כָּל־גּוֹיִם |
| אֶ | *Segol* | ä, ē | lang oder kurz | הָאָרֶץ |
| אִ | *Chirek* | i, ī | lang oder kurz | מִמִּצְרָיִם |
| אֵ | *Sere* | ē | immer lang | מֵעַם |
| אֻ | *Kibbuz* | u, ū | lang oder kurz; oft Pleneschreibung: וּ = *Šureq* | הָאֻמִּים |
| אֹ | *Cholem* | ō | Immer lang, oft Pleneschreibung וֹ | דֹּר וָדֹר |

## 4. Begadkefat

Im Hebräischen sind uns sechs Konsonanten in doppelter Aussprache überliefert, nämlich die Buchstaben

ב ג ד כ פ ת

die vokalisiert als Gruppen„name“ בְּגַדְכְּפַת „Begadkefat” zusammengefasst werden.

Auch in anderen Sprachen werden manche Buchstaben unter bestimmten Bedingungen verschieden ausgesprochen. Im Englischen z.B. kann der „th”-Laut verschiedene Ausprägungen haben (hart oder weich: *bath; the*); oder man denke an das deutsche „g”, das nach i am Silbenschluss wie „ch” ausgesprochen wird („König”).

Die Begadkefat-Buchstaben sind sogenannte Plosivlaute. Sie werden im Mund dadurch gebildet, dass zunächst keine Luft nach außen dringt, dann aber die Luft stoßartig entweicht („plosiv”). Man überprüfe das einmal am Buchstaben „p”. Wenn man nun die Luft langsam entweichen lässt, entsteht ein „f”.

Die Begadkefat-Buchstaben werden am Wort- und Silbenanfang ***hart*** ausgesprochen, wenn ein Konsonant vorausgeht - wenn sie einem Vokal folgen, hingegen ***weich***. Letzteres gilt auch am Anfang eines Wortes, wenn das voranstehende Wort vokalisch auslautet.

Als Zeichen für die harte Aussprache erhalten die Buchstaben einen Dagesch lene. → 27

בּ = **b** wie in בֶּגֶד **bägäd,** *Kleid*

ב = **w** wie in עֶבֶד **ᶜäwäd,** *Knecht*

כּ = **k** wie in כֶּרֶם **käräm,** *Weinberg*

כ = **ch** wie in מֶלֶךְ **mäläch,** *König*

פּ = **p** wie in פֶּה **päh,** *Mund*

פ = **f** wie in שֹׁפֵט **schofet**, Richter

Bei den Buchstaben g, d und t gibt es in unserer Sprechweise keinen Unterschied; wir können kein weiches g oder d (*gh*, *dh*) bilden. Allein beim *taw* gibt es, wie im Englischen, die Möglichkeit einer weichen, spirantischen Aussprache (*th* wie in „the"), die von manchen Orientalisten bevorzugt wird. Im heutigen Hebräisch macht man bei diesen drei Buchstaben keine Unterschiede in der Aussprache.

## 5. Die Gutturale

Im Hebräischen gibt es vier Gutturale oder Laryngale (Kehllaute); hinzu kommt der Buchstabe *resch*, der ähnliche Eigenheiten aufweist:

א ה ח ע ר

Diese fünf Konsonanten weisen eine Reihe von ***Besonderheiten*** auf:

- Laryngale lieben *a*-Laute; so haben sie fast immer ihr eigenes *a* bei sich und zwingen diesen Laut auch ihrem Kontext auf. Ebenfalls beliebt, besonders beim א, ist das *ä*: אֶעֱשֶׂה, *ich werde machen.*
- Wenn sich ein anderer Laut bei dem Guttural befindet, wird er häufig durch *a* ersetzt, oder aber ein *a* schiebt sich *zwischen* die beiden Buchstaben (*pataḥ furtivum*): רוּחַ, *ruªḥ*, Wind.
- Im Anlaut ersetzen sie den Murmellaut ᵉ (*schwa mobile*) durch einen kurzen *ä-, a-* oder *o-* Laut, genannt *chatef.* → 26

| | |
|---|---|
| אֱמֶת *ʾämät, Vertrauen*<br>אֱלֹהִים *elohim, Gott* | **chatef-segol** |
| חֲבֵרִים *ḥawerim*, Freunde | **chatef-pataḥ** |
| אָהֳלוֹ *ʾoholō, sein Zelt* | **chatef-kamez** |

Gutturale können nicht geschärft oder verdoppelt werden, d.h. sie dulden keinen Dagesch (→ 27); statt dessen findet häufig Ersatzdehnung oder virtuelle Schärfung (→ 28) statt.

Die beiden Laryngale *alef* und *he* verlieren in bestimmten Zusammenhängen ihre Eigenschaften als Gutturale; sie haben dann keinen eigenen Lautwert, sondern dienen lediglich als Lesehilfe. Sie quieszieren (meist) nach einem langen Vokal am Ende eines Wortes;

die Silbe gilt als offen (אֶעֱשֶׂה *ich will machen*; וַתֵּרֶא *da sah sie*). Im Anlaut dient das א als Vokalträger (אֶעֱשֶׂה).

Im Deutschen kennen wir das letztgenannte Phänomen auch, obwohl wir kein phonetisches Zeichen dafür besitzen: Man spreche einmal das Wort „geehrt"; man merkt bei bewusstem Hören, dass die zweite Silbe mit einem „Knacklaut", einem Guttural beginnt.

## 6. Die Halbvokale: Das Schwa

Neben vollen Vokalen kennt das Hebräische - genau wie das Deutsche - sogenannte Murmelvokale, die allerdings im Gegensatz zu unserer Sprache auch morphologisch einen Niederschlag gefunden haben. Zum Beispiel hat das deutsche Wort „Genesung" einen gemurmelten *e*-Laut in der ersten und ein langes *e* (☜) in der zweiten Silbe, ohne dass dies an der Form erkenntlich wäre. Im Hebräischen wird durch ein Schwa (שְׁוָא) verdeutlicht, wo eine Silbe geschlossen und wo ein Murmellaut hörbar ist. Das Zeichen sieht aus wie ein Doppelpunkt unter dem entsprechenden Buchstaben: ◌ְ Spricht man das Wort „Schwa" aus, so merkt man deutlich, dass sich zwischen „Sch" und „w" ein Murmellaut schiebt.

Im einzelnen unterscheidet man:

| Schwa quiescens | Schwa mobile | Schwa compositum |
|---|---|---|
| *Bezeichnet die Vokallosigkeit im Inneren* eines Wortes bzw. einer Silbe und fungiert so als Silben*teiler*. | Bezeichnet den Murmellaut *am Anfang* eines Wortes, einer Silbe und in der Wortmitte; in der Umschrift wird der Laut durch ein hochgestelltes $^e$ markiert: | Die Gutturale sind so stark, dass sie ihren *a*- oder *ä*- Laut selbst dann noch durchsetzen, wenn eigentlich ein Schwa am Platze wäre. In diesen Fällen *kombiniert* man einfach beide Zeichen (*chatef*-Laute): |
| חַסְדּוֹ *ḥasdō*<br>*seine Gnade* | אֶזְבְּחָה *ʾezb$^e$ḥā*<br>*ich will opfern*<br>הַלְלוּ *hal$^e$lū*<br>*lobt* | אֱמֶת *ʾ$^ä$mät*<br>*Wahrheit*<br>צָהֳרַיִם *ṣohorajim*<br>*Morgen* |

## 7. Dagesch, Mappiq und Maqqef

Im Hebräischen werden Buchstaben *verdoppelt*, indem in ihre Mitte ein Punkt, der ***Dagesch forte*** eingesetzt wird. So wird etwa im folgenden Wort der Radikal ו geschärft: צִוָּה, *ziwwah.*

Verdoppelungen gibt es im Hebräischen ausschließlich in der *Mitte* eines Wortes bzw. einer Silbe, *nicht am Ende;* Doppellaute am Silbenende (*bumm, bumm*) werden als unästhetisch empfunden. Das gleiche gilt für den Anfang eines Wortes bzw. einer Silbe; Bildungen wie etwa im Spanischen (*Llano*) sind hier nicht möglich. Formen mit drei gleichen aufeinanderfolgenden Konsonanten, wie sie die neue deutsche Schreibweise zulässt, wären dem Hebräischen unerträglich.

**Dagesch forte**, eine Verdoppelung in der Silbenmitte, findet sich

als *Worteigentümlichkeit* (Dagesch gehört zum Wesen des Wortes),

z.B. עַמִּי ***c*ammi**, *mein Volk*

als *Stammesmodifikation* (Dagesch gehört zum Wesen mancher Aktionsarten)

z.B: דִּבֵּר ***dibber*** Piel, *er redet*

- bei der *Determination* (Dagesch gehört zum Wesen des Artikels) הַמֶּלֶךְ ***hammäläch***, *der König*

- bei der *Wortverschmelzung* (Dagesch gehört zum Wesen der Assimilation) נָתַתִּי ***natatti***, *ich habe gegeben*, aus: *נָתַנְתִּי, ***natanti***.

**Gutturale** können nicht verdoppelt werden. Statt dessen findet *virtuelle Schärfung* statt (man tut einfach so, als sei der Konsoant verdoppelt): נִחַם ***nich(ch)am***, *er hat sich erbarmt*, oder, häufiger, *Ersatzdehnung*: הָאָרֶץ, *die Erde*.

***Dagesch lene*** steht ausschließlich *am Anfang einer Silbe*; es bezeichnet bei der Gruppe der *Begadkefat* die härtere, explosive Aussprache: בֶּגֶד ***beged***, *Kleid.* Aber vergleiche: אֵין לִי בֶגֶד ***ejn li weged***, *ich habe kein Kleid*; ב steht hier am Wortanfang nach einer vokalisch auslautenden, offenen Silbe (לִי).

Einen Punkt im *he* nennt man ***Mappiq***; er weist darauf hin, dass dieser Buchstabe hier nicht *mater lectionis*, sondern eigenständiger Laryngal ist: Z.B. ist die Verbalwurzel גבהּ nicht schwach ל"ה, sondern stark *tertiae gutturalis.*

Eine enge Verbindung zwischen zwei Wörtern kann im Hebräischen wie im Deutschen durch einen Bindestrich angezeigt werden; dieser befindet sich auf der oberen Buchstabenlinie und heißt ***Maqqef***: אֶל־מֹשֶׁה ***äl Mosche***, *zu Mose.*

## 8. Assimilation und Ersatzdehnung

Im Hebräischen neigt insbesondere der Radikal *nun* dazu, mit einem anderen zu verschmelzen; man nennt dieses Phänomen ***Assimilation***.

*Nun* wird immer dort assimiliert, wo es keinen eigenen Vokal trägt und zwischen zwei Konsonanten gerät; es verschmilzt dann mit dem folgenden Buchstaben, der als Zeichen dafür verdoppelt wird und einen *Dagesch forte* (→ 28) erhält:

Gen 39,7: וַתִּשָּׂא אֵשֶׁת־אֲדֹנָיו אֶת־עֵינֶיהָ אֶל־יוֹסֵף

*Da warf die Frau seines Herrn ihr Auge auf Joseph.*

Man versuche einmal, das erste Wort mit einem *nun* in der ersten Stammsilbe zu sprechen: *wat-tinsa*; schnell merkt man, dass dieses *nun* schwierig zu sprechen ist, und dass sich die Kontextform *wat-tissa* bei schnellem Sprechen fast automatisch ergibt.

Im Deutschen kennen wir dieses Phänomen auch. Die negierende Vorsilbe *in* (z.B aktiv = **in**aktiv) wird vor einem *l* assimiliert, das *l* verdoppelt: legal → ***in**legal → **il**legal. Vgl. rational – irrational; Mortalität – Immortalität usw.

Gutturale können nicht verdoppelt werden; sie werden tief in der Kehle gebildet, und die Natur hat es uns verwehrt, in der notwendigen Schnelligkeit einen solchen Doppellaut zustande zu bringen. Das Hebräische bedient sich - wie viele andere Sprachen auch - hier einer Kompensation: Statt den Buchstaben zu verdoppeln, wird die Silbe gedehnt: יֵרָאֶה ***jeraäh,*** *er zeigt sich*. Das Nifal-*nun* (→ 35), das auf das Präformativ folgt, kann dem *resch* nicht assimiliert werden; stattdessen wird die Silbe gedehnt. Dieses Phänomen nennt man ***Ersatzdehnung***.

Eine andere Art der Kompensation ist die ***virtuelle Schärfung***: Man tut einfach so, als sei der Guttural verdoppelt.

וַיִּקְרָא אֱלֹהִים לָאוֹר יוֹם וְלַחֹשֶׁךְ קָרָא לָיְלָה

*Da rief Gott zu dem Licht „Tag", zur Dunkelheit aber rief er „Nacht".*

Bei dem Wort לָאוֹר ist der Artikel synkopiert; statt des Dagesch im *alef* findet Ersatzdehnung statt (mit Kamez); dasselbe Phänomen erkennen wir bei וְלַחֹשֶׁךְ - allerdings hat hier *keine Ersatzdehnung* stattgefunden (das ל trägt einen kurzen Vokal), sondern *virtuelle Schärfung* (d.h.: Es passiert überhaupt nichts).

## 9. Mater lectionis - Lesehilfe

Die Buchstaben י und ו sind Halbvokale - sie können sowohl als hörbare Konsonanten ausgesprochen werden als auch lediglich die Funktion eines Vokales innehaben. Im Wort וַיְהִי haben das *waw* und das *jod* am Anfang den Wert eines Konsonanten; sie werden hörbar ausgesprochen. Am Wortende hat das *jod* lediglich vokalische Funktion: ***wajehi,*** *und es geschah*.

Die beiden Gutturale ה und א können ebenfalls vokalische Funktionen übernehmen; sie verlieren dabei ihren eigenen Lautwert, werden, wie das *jod* und *waw*, „schwach" (→ 60).

Diese vier Buchstaben (also א ה י ו) nennt man, wenn sie lediglich Träger eines Vokales sind, *matres lectionis*, Lesehilfen.

Das Hebräische bediente sich ursprünglich einer reinen Konsonantenschrift; die Vokalisation der Masoreten ist später hinzugekommen, um die Aussprache zu vereindeutigen. In früheren Zeiten, als es noch keine Vokalzeichen gab, dienten die Lesehilfen zur Andeutung von Vokalen. Auch heute noch finden unpunktierte Texte ihre Verwendung: Die Torarollen im synagogalen Gottesdienst sind pure Konsonantentexte.

Die Masoreten haben in ihrer Überlieferung die Lesehilfen entweder beibehalten - man spricht dann von einer ausführlichen Schreibweise, ***plene*** - oder sie wegfallen lassen; das ist die kurze oder ***defektive*** Schreibweise:

| Plene | Defektiv | Bemerkungen |
|---|---|---|
| חַסְדְּכָה<br>*Deine Gnade* | חַסְדְּךָ | Das ה dient zur Bezeichnung des vokalischen Auslautes |
| רָאשׁ<br>*arm* | רָשׁ | א kann jeden Vokal andeuten (selten defektive Schreibweise). |
| עוֹלָם *Weltzeit*<br>הַלְלוּהוּ *jubelt ihm* | עֹלָם<br>הַלְלֻהוּ | Das ו deutet die Vokale *o* und *u* an. |
| שִׁיר *Lied*<br>בֵּין *zwischen* | שִׁר | Das י steht meist für *i*, kann aber auch zur Silbendehnung eingesetzt werden. |

## 10. Die ursprünglichen Vokale a, i und u

Die vielfältigen hebräischen Laute gehen auf drei allen semitischen Sprachen gemeinsame Vokale zurück, nämlich *a*, *i* und *u*. In den einzelnen Sprachen haben sich im Laufe der Geschichte verschiedene Ausprägungen ergeben. Im Hebräischen etwa hat sich ein naturlanges *a* im Wortinneren zu einem dunklen *o* getrübt, während es in anderen Sprachen erhalten blieb: Vgl. etwa das hebräische Wort *schalom* mit dem arabischen Pendant *salam*. Bei manchen Wörtern finden sich beide Phänomene: רֹאשׁ *rosch*, Haupt, im Plural: רָאשִׁים *raschim*. Besonders wichtig ist die Gruppe von Nomen, die ursprünglich zwei kurze Vokale hatten; diese nämlich sind im Hebräischen zu zwei veränderlich langen Vokalen geworden. Je nach kontextueller Situation kann sich so die gesamte Vokalisation ändern (vgl. etwa das Nomen דָּבָר ***dabar***, *Wort*)

Im einzelnen gilt:

- Veränderlich langes *a* kann zu kurzem *a*, *i* oder gar zu einem *schwa* gekürzt bzw. reduziert werden (vgl. wieder דָּבָר).
- Kurzes *i* kann in betonter Silbe zu *e* gedehnt und dieses Dehnungs-*e* zu *ä* gekürzt werden, wenn die Silbe ihren Ton verliert: בֵּן ***ben***, Sohn, hat als ursprünglichen Vokal *i*, der sichtbar wird, wenn man ein (betontes) ePP anhängt: בִּנְךָ ***bincha***, *dein Sohn*. Im St.c. erscheint dann *segol*: בֶּן־ *Sohn von*.
- Kurzes *u* wird in betonter Silbe zu *o*, und dieses Dehnungs-*o* zu *kamez chatuf*, wenn die Silbe den Ton verliert: *kull* > hebr. כֹּל, St.c. כָּל־.

# *B.* Das Nomen

## 1. Die Endungen des Nomens

Im Hebräischen werden maskuline und feminine Formen unterschieden; ein Neutrum gibt es nicht. Partizipien richten sich ebenfalls nach den untenstehenden Nominalendungen. Maskuline Wörter im Plural sind dabei oftmals *communis*-Formen, d.h. sie gelten für beide Geschlechter. Das Wort דָגִּים etwa schließt selbstverständlich weibliche Fische ein (das feminine Pendent דָגָה bildet keine Pluralformen), und das Partizip הַבָּאִים in Gen 7,16 umfasst explizit beide Geschlechter. Maskuline Singularformen bezeichnen oftmals ein Kollektiv, feminine heben eher das Individuum hervor, etwa beim o.g. Beispiel Fisch (vgl. Jon 2,2) – obwohl dies kein durchgehendes Prinzip darstellt.

Feminine Segolata und i.d.R. auch Partizipien im Femininum bilden den Singular nicht auf ָה , sondern auf ֶת , wie z.B. הִיא אֹמֶרֶת, *sie spricht* (statt des möglichen אֹמְרָה).

An die Constructus-Formen (→ 104) können – wie bei den Verba – enklitische Personal- bzw. Possessivpronomen angehängt werden; die Formen bilden dann interne Constructus-absolutus-Verbindungen, wobei das ePP gewissermaßen die Absolutus-Form repräsentiert: עַמִּי *Volk in bezug auf mich, mein Volk*. Syntaktisch gesehen, nimmt das Nomen mit ePP im Satz eine absolute Stellung ein.

| | Sing. m. | Sing.f. | |
|---|---|---|---|
| status absolutus | *endungslos* | ָה | |
| status constructus | *endungslos* | ַת | |
| | **Pl.m.** | **Pl.f.** | **Dual m. & f.** |
| status absolutus | ִים | וֹת | ַיִם |
| status constructus | ֵי | וֹת | ֵי |

## 2. Nomenklassen

Nomen lassen sich hinsichtlich ihrer Abstammung und dem Verhalten ihrer Vokale klassifizieren. Dabei fragt man zunächst, ob ein Nomen von einem Verbum oder einem anderen Nomen abgeleitet ist oder nicht.

a) Ursprüngliche Nomen sind Wörter ohne Ableitung von einem Verbum oder einem anderen Nomen (***nomina primitiva***). Diese Gruppe ist im Hebräischen eher selten und findet sich oftmals bei Verwandtschaftsbezeichnungen: אָב, *Vater*, אֵם, *Mutter* usw. Weil die Ursprünge dieser Wörter weit in die Menschheitsgeschichte zurückreichen, haben sich oft Eigenarten herausgebildet, die zu unregelmäßigen Formen führten. Man spricht deshalb auch von *Nomen ungewöhnlicher Bildung*. Eine Liste mit den wichtigsten dieser Wörter findet sich am Ende des Bandes in den Paradigmen.

b) Von einem Verbum oder einem anderen Nomen abgeleitete Nomen gehören in die Gruppe der ***nomina derivata***. Diese Ableitung geschieht häufig (aber nicht notwendig) durch ein *nomenbildendes Element*, etwa ein מ oder ת, seltener auch durch ein א u.a., welches der Wurzel vorangestellt wird. Dabei kann es durchaus sein, dass von einem Verb mehrere Nomen mit ähnlicher oder gleicher Bedeutung abgeleitet werden (Die wissenschaftlichen Lexika geben in ihren Artikeln alle Derivata eines Verbums an): תְּשׁוּעָה, *Hilfe*, mit der gleichen Bedeutung auch יֵשַׁע; vgl. das Hapaxlegomenon מוֹשָׁעוֹת, *Heil*.

Die Nomen lassen sich dann weiter differenzieren nach ihrer Silbenzahl und der Länge ihrer Vokale.

1) Mit *ursprünglich zwei Vokalen* (entweder zweimal lang, zweimal kurz, lang/kurz oder kurz/lang). Die ursprünglich zweimal kurzen Vokale sind der „Normalfall“ (*qaṭal, qaṭalat*), z.B. דָּבָר. Die Vokale sind *veränderlich*, d.h. lauten je nach Situation verschieden ab:

| St.a.Sg. | St.c.Sg. | St.a.Pl. | St.c.Pl. |
|---|---|---|---|
| דָּבָר | דְּבַר | דְּבָרִים | דִּבְרֵי |
| אֲדָמָה | אַדְמַת | אֲדָמוֹת | אַדְמוֹת |
| צְדָקָה | צִדְקַת | צְדָקוֹת | צִדְקוֹת |

דָּבָר *Wort*; אֲדָמָה *Erde, f.*; צְדָקָה *Gerechtigkeit, f.*

2) Mit *einem ursprünglich kurzen Vokal.* Dies ist die Gruppe der sogenannten **Segolata**, die im Hebräischen sehr wichtig ist. Ursprünglich einsilbige Nomen mit einem der drei Grundvokale *i, a* und *u* (*qiṭl, qaṭl, quṭl)* sind durch Sprossvokale (zumeist *segol)* auf zwei Silben erweitert worden. Den ursprünglichen Vokal eines solchen Nomens kann man erkennen, wenn man ein ePP anhängt. מֶלֶךְ, *König*; מַלְכִּי, *mein König.* Hier ist das *a* deutlich hörbar; es liegt also eine *qaṭl-Bildung* vor: Das gemeinsemitische Nomen lautet ***malk***.

Das Femininum wird direkt von der Grundform gebildet: מַלְכָּה, *Königin.* Im *Plural* tritt immer ein langes *a* in der zweiten und Tonverlust in der ersten Silbe auf: סְפָרִים, מְלָכוֹת, מְלָכִים; hier sehen sie also ganz genau so aus wie die o.g. Gruppe der Nomina mit zwei veränderlichen Vokalen: מֶלֶךְ, *König*, geht im Plural wie דָּבָר, *Wort. Segolata* sind einsilbige Nomen; sie können stark oder schwach sein. (Sie sind schwach, wenn nicht alle drei Konsonanten hörbar sind).

3) Mit *ursprünglich doppeltem Schlusskonsonanten*:

לֵב (Herz), הַר (Berg). Der ausgefallene Konsonant taucht oft im Status constructus wieder auf, aber auch, wenn ein ePP angehängt wird. Dies ist jedoch von Fall zu Fall verschieden:

- לְבַב *Herz von*; לְבָבִי *mein Herz*
- הַרְרֵי *Berge von*; הַרְכֶם *euer Berg*; הַרְרִי *mein Berg*; הָרַי *meine Berge*

Diese Nomen sind einsilbig und immer schwach.

4.) *Vokalisch auslautende* Nomen:

Wie bei den Verba ל"ה findet sich bei diesen Nomen an letzter Stelle kein Konsonant, sondern ein Vokal; maskuline Formen enden auf ֶה , z.B. פֶּה *Mund*, פָּנֶה *Gesicht*. Der Plural wird gebildet unter Aphairesis des schwachen Vokals: פָּנִים.

Das Wort פֶּה hat nur einen Radikal; das *he* dient lediglich dem Auslaut. Es fällt weg, wenn z.B. ein ePP angehängt wird: פִּי *mein Mund*.

Die Partizipien der Verba ל"ה werden analog gebildet, z.B. מוֹרֶה *Lehrer*, von ירה hif.; עֹשֵׂה *machen* St.c. von עשׂה.

Um eine Richtung auszudrücken, kann an Substantive, Ortsnamen und Adverbien ein sogenanntes *he locale* angefügt werden, das nicht betont wird: בָּבֶל *ba'wäl, Babel*; בָּבֶלָה *ba'wäla, nach Babel;* שָׁמָּה *'schamma*, dorthin, הָהָרָה *ins Gebirge.*

## 3. Zahlwörter

| | In Verbindung mit dem Masculinum | | In Verbindung mit dem Femininum | | Ordinalzahl | |
|---|---|---|---|---|---|---|
| | abs. | cstr. | abs. | cstr. | masc. | fem. |
| 1 | אֶחָד | אַחַד | אַחַת | אַחַת | רִאשׁוֹן | רִאשׁוֹנָה |
| 2 | שְׁנַיִם | שְׁנֵי | שְׁתַּיִם | שְׁתֵּי | שֵׁנִי | שֵׁנִית |
| 3 | שְׁלֹשָׁה | שְׁלֹשֶׁת | שָׁלֹשׁ | שְׁלֹשׁ | שְׁלִישִׁי | שְׁלִישִׁית |
| 4 | אַרְבָּעָה | אַרְבַּעַת | אַרְבַּע | אַרְבַּע | רְבִיעִי | רְבִיעִית |
| 5 | חֲמִשָּׁה | חֲמֵשֶׁת | חָמֵשׁ | חֲמֵשׁ | חֲמִישִׁי | חֲמִישִׁית |
| 6 | שִׁשָּׁה | שֵׁשֶׁת | שֵׁשׁ | שֵׁשׁ | שִׁשִּׁי | שִׁשִּׁית |
| 7 | שִׁבְעָה | שִׁבְעַת | שֶׁבַע | שְׁבַע | שְׁבִיעִי | שְׁבִיעִית |
| 8 | שְׁמֹנָה | שְׁמֹנַת | שְׁמֹנֶה | שְׁמֹנֶה | שְׁמִינִי | שְׁמִינִית |
| 9 | תִּשְׁעָה | תִּשְׁעַת | תֵּשַׁע | תְּשַׁע | תְּשִׁיעִי | תְּשִׁיעִית |
| 10 | עֲשָׂרָה | עֲשֶׂרֶת | עֶשֶׂר | עֶשֶׂר | עֲשִׂירִי | עֲשִׂירִית |
| 11 | אַחַד [עַשְׁתֵּי] עָשָׂר | | אַחַת [עַשְׁתֵּי] עֶשְׂרֵה | | Ordinalzahlen über 10 wie die Grundzahlen | |
| 12 | שְׁנֵים [שְׁנֵי] עָשָׂר | | שְׁתֵּים [שְׁתֵּי] עֶשְׂרֵה | | | |
| 13 | שְׁלֹשָׁה עָשָׂר | | שְׁלֹשׁ עֶשְׂרֵה | | | |
| 14 | אַרְבָּעָה עָשָׂר | | אַרְבַּע עֶשְׂרֵה | | | |
| | etc. | | etc. | | | |

Die Zahlen eins und zwei sind Adjektive, die Zahlen drei bis zehn Substantive; letztere haben das dem Gezählten entgegengesetzte Geschlecht. Die Ordinalzahlen, deren feminine Formen durch ein angehängtes *taw* gebildet werden (z.B. שִׁשִּׁת), sind dem Gezählten im Genus gleichgeordnet (z.B. יוֹם שִׁשִּׁי, *sechster Tag*). Die Zahl 20 ist eine Pluralform von 10 (עֶשְׂרִים), die Zahlen 30 bis 90 sind Pluralformen der entsprechenden Einer (שְׁלֹשִׁים, אַרְבָּעִים etc.).

100 heißt מֵאָה, 200 ist die Dualform מָאתַיִם, ab 300 werden die Hunderter durchgezählt: שְׁלֹשׁ מֵאוֹת, אַרְבַּע מֵאוֹת etc. Das Gleiche gilt für die Tausender: אֶלֶף, אַלְפַּיִם, שְׁלֹשֶׁת אֲלָפִים, עַרְבַּעַת אֲלָפִים etc. 10.000 sind עֲשֶׂרֶת אֲלָפִים oder רְבָבָה, Pl. רְבָבוֹת (Zehntausende).

Wie andere Nomen auch, stehen Zahl und Gezähltes entweder in Apposition oder bilden eine *constructus-absolutus-Verbindung*.

| | | | |
|---|---|---|---|
| שְׁנֵי סְפָרִים | *zwei Bücher* | שְׁנֵי הַסְּפָרִים | *die zwei Bücher* |
| שְׁנֵי סְפָרָיו | *seine zwei Bücher* | שְׁנַיִם לִסְפָרָיו | *zwei seiner Bücher* |

Oftmals steht das Gezählte im Plural, wenn die Zahl kleiner als zehn ist, und im Singular, wenn sie größer ist. Bei zusammengesetzten Zahlen stehen meist die Einer vor den Zehnern (was aber keine feste Regel ist):

| | |
|---|---|
| וְאַבְרָם בֶּן־חָמֵשׁ שָׁנִים וְשִׁבְעִים שָׁנָה בְּצֵאתוֹ מֵחָרָן (Gen 12,4) | Abram war ein Sohn von fünf **Jahren** und siebzig **Jahr**, als er aus Haran auszog. (= Abram war 75 Jahre alt, als er ...) |
| וַיְהִי אַבְרָם בֶּן־תִּשְׁעִים שָׁנָה וְתֵשַׁע שָׁנִים (Gen 17,1) | Abram war 99 Jahre alt. |
| וְיִשְׁמָעֵאל בְּנוֹ בֶּן־שְׁלֹשׁ עֶשְׂרֵה שָׁנָה בְּהִמֹּלוֹ (Gen 17,25) | Ismael, sein Sohn, war 13 Jahre alt, als er beschnitten wurde. |

# *C. Das Verbum*

## 1. Die Kennzeichen des finiten Verbums

Wie bei den Nomen, werden auch bei den Verben maskuline, feminine und *communis*-Formen unterschieden. Im Singular werden die Individuen entsprechend ihrem Geschlecht angeredet (2. Person) bzw. benannt (3. Person); im Plural wird differenziert: Wenn eine Gruppe nur aus Männern besteht, wird in der 2. und 3. Person das Maskulinum verwendet; ist sie gemischt, kommen *communis*-Formen zum Tragen, die formal identisch sind, aber vom individuellen Geschlecht absehen. D.h. in einer größeren Gruppe ist es unerheblich, welchem Geschlecht der bzw. die einzelne angehört. Sogar wenn eine Gruppe nur aus Frauen besteht, es aber nicht relevant ist, dass es sich um solche handelt, können die *com*-Formen verwendet werden. So erinnert Noomi ihre Schwiegertöchter an das Gute, was diese geleistet haben und spricht sie dabei mit *com*-Formen an: עֲשִׂיתֶם.(Rut 1,8). Aber da, wo es um spezifische weibliche Belange geht (hier um die Rechtssicherheit im Elternhaus und die Möglichkeit, eine neue Familie zu gründen), werden die beiden mit fem. Verben angeredet (V.8-11).

Die genannten Formen werden in zwei Konjugationsarten dargestellt, wobei im folgenden die in der Hebräischen Grammatik übliche Reihenfolge von der dritten zur ersten Person gewählt ist:

| | *Afformativkonjugation*<br>**AK**<br>„Perfekt" | | *Präformativkonjugation*<br>**PK**<br>„Imperfekt" | | |
|---|---|---|---|---|---|
| **Sg.** | 3.m. | - ... - | - ... י | 3.m. | **Sg.** |
| | 3.f. | ָה ... - | -... תּ | 3.f. | |
| | 2.m. | תָּ ... - | - ... תּ | 2.m. | |
| | 2.f. | תְּ ... - | י ... תּ | 2.f. | |
| | 1.com. | תִּי ... - | - ... א | 1.com. | |
| | | | ָה ... א | coh. | |
| **Pl.** | 3.m.& com. | וּ ... - | וּ ... י | 3.m.& com. | **Pl.** |
| | | | נָה ... תּ | 3.f. | |
| | 2.m. & com. | תֶּם ... - | וּ ... תּ | 2.m. & com. | |
| | 2.f. | תֶּן ... - | נָה ... תּ | 2.f. | |
| | 1.com. | נוּ ... - | - ... נ | 1.com. | |
| | | | ָה .. נ | coh. | |

Die Vokalisation kann je nach Situation unterschiedlich sein; nur wo ein Vokal explizit aufgeführt wird, gehört dieser zur Form. Die Dageschim indizieren die plosive Aussprache des *taw*; sie finden sich nicht, wenn dieses in die Mitte einer Silbe gerät.

## 2. Die Konjugationsarten

Das Hebräische kennt zwei Konjugationsarten, die in der (griechisch-lateinisch geprägten) herkömmlichen Grammatik als „Perfekt" und „Imperfekt" erscheinen; jedoch treffen diese Begriffe nicht die Sprachwirklichkeit, denn weder kommt in ihnen vornehmlich ihr (aspektualer) Wortsinn zum Tragen – die beiden Konjugationen bezeichnen keineswegs abgeschlossene bzw. nicht abgeschlossenen sprachliche Vorgänge -, noch kommen sie den in unserer Sprache so bezeichneten Tempora gleich. Besser ist es deshalb, wie heute in weiten Teilen der Forschung üblich, die hebräischen „Tempora" unter phänomenologischen und damit wertneutralen Gesichtspunkten zu beschreiben; so wird das „Perfekt" „**Afformativ**- oder Affix-(bisweilen auch präziser „Suffix-)**konjugation**" genannt, das „Imperfekt" erscheint als **„Präformativ-** oder Präfix**konjugation**".

Die Präformativkonjugation, **PK**, zeichnet sich durch *der Wurzel vorangestellte Personalmorpheme* aus, die durch weitere, an die Wurzel gehängte Merkmale ergänzt werden können. Z.B. steht für die 3.Person Sg.m. ein *jod* den drei Wurzelkonsonanten voran:

321י

In der **PK** finden sich **konsekutive Formen**: PKו („*PK waw*", auch ו-Imperfekt, *waw*-PK oder *imperfectum consecutivum* genannt), die den **Narrativ** bezeichnen. Die *waw*-PK verweist als *Tempus* auf Sachverhalte in der Vorwelt eines Sprechers oder Erzählers;

man kann sie mit gleichem Recht auch als einen *Modus* verstehen, der den Handlungsablauf von Ereignissen charakterisiert: das, *was passiert ist* (also eigentlich das Gegenteil von *Im*perfekt). Die *waw*-PK restituiert Wirklichkeit: Sie kennzeichnet ein Ereignis auf der Zeitlinie in der Vergangenheit. Im Deutschen geben wir den Narrativ deshalb mit Präteritum oder historischem Präsens wieder.

Erkennbar ist der Narrativ am **vorangestellten ו mit *pataḥ* und *Dagesch* im nächsten Konsonanten**, dem Personalkennzeichen. So ergibt sich

וַיּ321

Die Afformativkonjugation, AK, zeichnet sich durch an die Wurzel angehängte Personalkennzeichen aus. Z.B. steht für die 3. Person Plural ein *waw* im direkten Anschluss an die Wurzelradikale:

321וּ

Die **AK** bildet gleichfalls **konsekutive Formen**: AKו (auch ו-Perfekt, *waw*-AK oder *perfectum consecutivum* genannt):

וְ321וּ

AKו bezeichnet in einer *face-to-face*-Kommunikation (im Gesprächsmodus, Diskurs) die *sichere Zukunft*: das, *was passieren wird.*

Die *waw*-AK konstituiert Wirklichkeit und markiert auf der Zeitlinie ein zukünftiges Ereignis.

Typisches Kennzeichen für AKו ist die **Betonung auf der letzten Silbe** (Ultima): וְאָמַרְתָּ֫

Bisweilen wird in der Forschung von der *waw*-AK eine weitere mit ו angeschlossene Form der AK unterschieden, das sogenannte reine Perfekt. Diese Form ist in der masoretischen Überlieferung **nicht** endbetont. Die beiden Ausprägungen lassen sich oft nur funktional oder kontextuell unterscheiden. Lediglich solche – recht seltenen – AKו-Formen, die in *narrativen Kontexten* begegnen, bezeichnen vergangene Sachverhalte, AKו in *direkter oder diskursiver Kommunikation* weist auf eine künftige Realtität.

Ohne *waw* angeschlossene AK-Formen finden sich sowohl in narrativen wie diskursiven Kontexten. Sie verweisen dann auf die Vergangenheit oder Vorvergangenheit. Ohne *waw* angeschlossene PK-Formen beziehen sich im Diskurs auf gegenwärtig-zukünftige Sachverhalte, im Narrativ auf vergangene. (Genaueres → 93ff).

In der PK lassen sich Lang- und Kurzformen unterscheiden (PKLF, PKKF). Die LF verweist auf den „Indikativ", die KF findet sich nur im Narrativ und Jussiv. In den meisten Fällen lassen sich LF und KF nur *funktional* bzw. *syntaktisch* auseinanderhalten, nicht *formal* - d.h., man erkennt eine KF nicht unbedingt an der Verbform. So ist Pkו immer KF, auch wenn dies morphologisch nicht sichtbar wird (z.B. וַיִּקְרָא *da rief er*, unterscheidet sich nur funktional, nicht morphologisch von der gleichlautenden LF (ohne Narrativkennzeichen) יִקְרָא.

**Ausgeprägte (an der Form erkennbare) KF finden sich**:

- bei den endungslosen Formen der Verba ל"ה („Apokope"):

  Gen 1,3: וַיֹּאמֶר אֱלֹהִים יְהִי אוֹר וַיְהִי־אוֹר

  *Gott sprach: Es werde Licht* ***(jᵉhiʾ or)****, und es wurde Licht* ***(wajᵉhiʾ or)***

- bei hohlen Wurzeln; hier findet sich für die KF ein *e*, für die LF ein *i* im Auslaut.

  יָשֵׂם jaśem KF *er möge stellen*

  יָשִׂים jaśim LF *er wird stellen.*

- im Hifil; auch hier trägt die letzte Silbe in der KF ein *e*, die LF hat *jod* und *chirek*:

  וַיּוֹשֶׁב KF (Narrativ) *er ließ wohnen*

  יוֹשִׁיב LF *er wird wohnen lassen.*

# 3. Andere Bildungen des Verbums

## 3.1 Das Partizip

Das ***Partizip*** wird nur im Qal und im Nifal ohne, in allen anderen Binjanim mit *mem* gebildet. Im Qal hat es die Lautfolge ***o-e***. Es verhält sich im Satz wie ein Nomen und hat deshalb auch die Endungen (und Status) des Nomens. Ausnahme ist das Feminin Sg., das am Ende regelmäßig mit *taw* anstelle von *he* gebildet wird: Statt der möglichen Form mit der Endung auf הָ ist gebräuchlich הִיא מְדַבֶּרֶת (*sie redet*). Typisches Kennzeichen ist dabei die segolathaltige Bildung: ֶ ֶת

Status constructus und absolutus können im m. Singular formal nicht auseinandergehalten werden, unterscheiden sich aber bisweilen in der Vokalisation.

## 3.2 Der Imperativ

***Imperativ*** (Sg.m.) und ***Infinitiv constructus*** sind in ihrer Form oft identisch. Das liegt daran, dass beide unbetont sind: Der Inf.c. ist auf das nächste Wort (oder ein *ePP*) hin konstruiert, der Imp. so kurz wie möglich: *q^eṭol*.

In seiner Formbildung folgt der Imperativ der PK; es gibt ihn nur für die zweite Person, und er kann nicht negiert werden. Als Negation dient der verneinte Jussiv. Im Qal wird er wie die PK-Formen *ohne das Präformativ* gebildet. Als Beispiel dient uns die Wurzel כתב, *schreiben*:

| | | | **Kal** |
|---|---|---|---|
| **Imp.**Sg. | m. | schreibe | כְּתֹב |
| | f. | | כִּתְבִי |
| **Imp.**Pl. | m. | | כִּתְבוּ |
| | f. | schreibt | כְּתֹבְנָה |

In den anderen Binjanim ist die Bildung entsprechend, nur dass vor die um das Personalkennzeichen gekürzte PK-Form das entsprechende Morphem des Stammes tritt. (Vgl. die Paradigmen)

Der Imperativ richtet sich immer in einer *direkten Kommunikation* an das *Gegenüber.* Anders als im Deutschen stellt der Imp. keinen bindenden Direktiv, sondern eine Wunschform dar, d.h. das, was befohlen wird, muss nicht unbedingt zur Ausführung gelangen: Der/die mit einem Imp. Angeredete hat die Entscheidungsfreiheit, der Aufforderung zu folgen oder auch nicht. Anders verhält es sich bei der Struktur AKו-x, die die sichere Zukunft ausdrückt. Wenn in der Prophetie häufiger beide Redeformen nebeneinander begegnen, kommt hier durchaus Unterschiedliches zum Tragen: לֵךְ וְאָמַרְתָּ heißt es 2.Sam 7,5. Gott spricht den Propheten Natan an: „Geh!" Wenn der Prophet hier sein Einverständnis gibt, ist die Folge unausweichlich: „Und du wirst sagen". Zwischen beiden Sätzen wird also ein unausgesprochenes „Ja, ich will" vorausgesetzt.

Der Imp. wird häufig verstärkt durch die Partikel נָא: *Nimm doch* קַח־נָא. Ein anderes Element der Verstärkung ist ein angehängtes ה, das bisweilen (nach dem im Arabischen vorkommenden) *Imperativus energicus* genannt wird: לְכָה statt לֵךְ, *gehe;* inhaltlich gibt es keinen Unterschied. Dieses *he* wird auch *he paragogicum* oder (analog zur 1. Person) *cohortativum* genannt. Der verstärkte Imp.

wird in manchen Grammatiken *Adhortativ* genannt; er ist auf m.Sg. beschränkt.

## 3.3 Der Infinitiv

Der ***Infinitiv*** erscheint in zwei Ausprägungen: als *constructus* und *absolutus*. Im Deutschen kennen wir auch beide Phänomene, obgleich sie uns in dieser Funktion oftmals nicht so bewusst sind. Beim Infinitiv handelt es sich ja oftmals - hierin ist er dem Part. ähnlich - um nominalisierte Formen. Der absolut stehende Infinitiv (im *qal* mit der Lautfolge *a-o*, z.B. רָאֹה *sehen*) hat eine solche Funktion: „Betreten des Rasens verboten" statt: „Es ist verboten, den Rasen zu betreten". Oder: „Beim Wiedersehen gab es ein großes Küssen und Umarmen" statt: „Als sie sich wiedersahen, küßten und umarmten sie sich".

### 3.3.1 Der Infinitivus absolutus

Im Hebräischen kann der ***Inf.a.*** finite Verbformen ersetzen, sowohl im Diskurs (oftmals mit direktivem Charakter) als auch im Narrativ.

Ex 13,3: וַיֹּאמֶר מֹשֶׁה אֶל־הָעָם זָכוֹר אֶת־הַיּוֹם הַזֶּה
אֲשֶׁר יְצָאתֶם מִמִּצְרַיִם

*Mose sagte zum Volk: „Denkt an diesen Tag, an dem ihr aus Ägypten fortgezogen seid."*

Gen 12,9: וַיִּסַּע אַבְרָם הָלוֹךְ וְנָסוֹעַ הַנֶּגְבָּה
*Da brach Abram auf, ein Gehen und Aufbrechen (war es), in Richtung Negev.*

Besonders häufig taucht der Inf.a. als sogenannte *figura etymologica* auf: Zusammen mit einem finiten Verb gleicher Verbalwurzel dient er zur Verstärkung der Aussage:

Ex 15,1: אָשִׁירָה לַיהוָה כִּי־גָאֹה גָּאָה
*Ich will dem Herrn singen: Ja, hoch, hoch erhaben ist er.*

## 3.3.2 Der Infinitivus constructus

Der ***Inf.c.*** ist immer, wie der Name sagt, auf etwas hin konstruiert und steht niemals frei und allein (der Inf.a. hingegen immer). Er hat häufig, wie im Deutschen, ***finalen Charakter*** und wird dann meist mit לְ gebildet: לְדַבֵּר *um zu sprechen.* Der Inf.c. kann aber auch mit anderen Partikeln eine Verbindung eingehen:

- ***temporal*** mit בְּ, כְּ, manchmal מִן:

1. Sam 7,8: אַל־תַּחֲרֵשׁ מִמֶּנּוּ מִזְּעֹק אֶל־יְהוָה אֱלֹהֵינוּ
*Höre nicht auf, für uns zu schreien zum Herrn, unserem Gott.*

Ps 114,1: בְּצֵאת יִשְׂרָאֵל מִמִּצְרָיִם
*Im/Beim Hinausgehen Israels aus Ägypten*
*Als/Während Israel aus Ägypten zog*

Gen 12,14: וַיְהִי כְּבוֹא אַבְרָם מִצְרָיְמָה

*Und es geschah, wie Abram nach Ägypten ging*

*Und es geschah, als* Abram nach Ägypten ging

- ***konsekutiv*** mit מִן:

Gen 27,1: וַיְהִי כִּי־זָקֵן יִצְחָק וַתִּכְהֶיןָ עֵינָיו מֵרְאֹת

*Und es geschah, als Isaak alt geworden war und seine Augen schwach, weg vom Sehen* (= *so dass er nicht mehr sehen konnte).*

- ***modal*** mit לְ oder בְּ:
-

Dtn 30,16: אָנֹכִי מְצַוְּךָ הַיּוֹם

לְאַהֲבָה אֶת־יְהוָה אֱלֹהֶיךָ לָלֶכֶת בִּדְרָכָיו

*Heute gebiete ich dir, den Herrn, deinen Gott zu lieben, indem du auf seinen Wegen gehst.*

## 3.4 Wunschformen

Im Hebräischen gibt es drei Wunschformen: den **Kohortativ**, den **Imperativ** und den **Jussiv**.

- Die Wunschform für die 1. Person ist der ***Kohortativ***

Der Kohortativ taucht nur in der PK auf. Seine Kennzeichen sind ein langer Vokal (zumeist ā) und *he* am Ende:

אָשִׁירָה *ich will singen;*

נַעֲשֶׂה *lasst uns machen.*

Bei den Verba ל"ה kann man die Langform und den Kohortativ nicht unterscheiden.

- Die Wunschform für die 2. Person ist der ***Imperativ***

Der Imperativ ist so kurz wie möglich und wird gebildet wie die PK ohne Präfixe; zu den Formen → 49.

Als Negation dient der verneinte Jussiv, auch Vetitiv genannt: אַל תִּרָא *fürchte dich nicht.*

- Die Wunschform für die 3. Person ist der ***Jussiv***

Der Jussiv, der bisweilen auch in der 2. Person besonders als Negation in Erscheinung tritt, wird nur in der PK als deren *Kurzform* (KF) gebildet. Den Jussiv kann man an seiner Form lediglich bei den Verba ל"ה erkennen, bei manchen hohlen Wurzeln, im Hifil und wenn er negiert ist; die Negation ist אַל gegenüber לֹא bei der *Langform* (LF).

יְהִי אוֹר *es werde Licht* Gen 1,3

וְיָסֵר הַצְפַרְדְּעִים מִמֶּנִּי *er möge die Frösche von mir weichen lassen* Ex 8,4

יָקֻם אָבִי וְיֹאכַל *mein Vater möge sich aufrichten und essen* Gen 27,31

תַּדְשֵׁא הָאָרֶץ דֶּשֶׁא *Die Erde möge Grün hervorbringen lassen* Gen 1,11

וּלְבָבְךָ אַל־יֵרַךְ *und dein Herz sei nicht furchtsam* Jes 7,4

# 4. *Aspekte des Verbums*

## 4.1 Aspekt und Bedeutung

Das Hebräische kennt - wie das Deutsche – zusammengesetzte Wörter, die durch Präfixe oder andere Modifikationen einen Bedeutungsunterschied erreichen. Dieses Phänomen nennt man *Verbalaspekt* oder *Aktionsart.* Im Deutschen kommt etwa der *ingressive/inchoative* (den Beginn einer Handlung bezeichnende) Aspekt des Wort(stamm)es „blühen” durch das Präfix „er” zum Ausdruck: eine Blume „erblüht”, der *perfektive* (vollendete) Aspekt durch die Vorsilbe „ver”: eine Blume ist „verblüht”.

Für die *intensive* Aktionsart gibt es ebenfalls sprachlich-intensivierende Ausdrucksformen, etwa das Wort „bücken” zu „biegen”, „schnitzen” zu „schneiden”, “schluchzen” zu „schlucken”, „hacken” zu „harken” usf. Man sieht, dass durch die Schärfung des mittleren Konsonanten eine solche Intensivierung gelingt; zugleich wird deutlich, dass die Sprachgeschichte im Deutschen die verschiedenen Aspekte oder Aktionsarten *nicht in grammatische* Bildungen umgesetzt hat, sondern in *Lemmata*, die als eigenständige Wörter in unseren Lexika erscheinen: Man findet als eigenen Eintrag dort sowohl das Wort „blühen" als auch die anderen genannten Wörter „verblühen" und „erblühen".

Die Verbalaspekte sind im Deutschen in ein Tempus-System eingegangen, für das es im Hebräischen kein rechtes Äquivalent gibt; hier wird allein durch Wahl der Konjugationsart (AK/PK), die Stellung im Satz und andere Illokationsindikatoren Entsprechendes zum Ausdruck gebracht, und die Aktionsarten sorgen dabei für Sinnabänderungen des Grundstammes (intensiv, reflexiv, kausativ, passiv).

Im Hebräischen finden sich im wesentlichen die im folgenden aufgeführten Stämme, hebr.: בִּנְיָנִים *binjanim* (= Aspekte, Aktionsarten), die mit Hilfe des Paradigmas פעל*, arbeiten*, benannt werden; die Bezeichnung selbst hat keinerlei Bedeutung, sie kennzeichnet lediglich die Lautfolge des starken Verbums in der 3.Sg.m. AK. „Piel" also zeigt an, dass im aktiven Intensivstamm die Lautfolge *i-e* ist; das Wort selbst bedeutet nichts und ist noch nicht einmal die entsprechende Piel-Bildung der *Schoresch* פעל.

## 4.2 Die Binjanim
### 4.2.1 Qal und Nifal

# Qal

Qal, auch Kal geschrieben, ist der **Grundstamm;** bisweilen erscheint er in den Grammatiken deshalb auch als *G-Stamm*. Das Wort קַל bedeutet *leicht*; der *binjan* wird abgekürzt mit *q.* oder *k.*

**Qal** bildet bei Handlungsverben **aktive Formen** mit der Lautfolge *a-a* in der ***AK*** (*katab*) und, selten, **Passiv-Formen** mit der Lautfolge *a-u (katub)*. In der ***PK*** lautet die aktive Form 3.Sg.m. *jiktob*. Das Partizip wird ohne *mem* gebildet und hat die Lautfolge *o-e*: כֹּתֵב *koteb, einer der schreibt*; das (eher seltene) Part. pass. lautet *a-u* בָּרוּךְ *baruk, gesegnet sein.*

- Die weniger häufig vorkommenden Zustandsverben haben eine etwas andere Lautfolge, nämlich *a-e*. So lautet etwa die 3.Sg.m. AK der Wurzel *schwer, reich sein* כָּבֵד.

- Infinitiv cstr. und Imperativ Sg.m. sind kurz und oftmals identisch: *q^e^ṭol.* כְּתֹב *schreiben, schreibe.*

# Nifal

Der *binjan* Nifal ist **reflexiv** oder **passiv** zum Qal; er wird häufig wegen seines Präformativs *N-Stamm* genannt und *ni.* oder *nif.* abgekürzt.

- Der Nifal ist leicht zu erkennen; stets wird seine erste Silbe mit dem Vokal *i* gebildet. In der ***AK*** begegnet dabei die Vorsilbe *ni*, die mit dem ersten Wurzelradikal eine geschlossene Silbe bildet: נִכְתַּב *es ist geschrieben.*
- Das ***Partizip*** erscheint ohne *mem* und unterscheidet sich von der AK nur im Auslaut (langes *ā*): נִכְתָּב *es ist geschrieben..*

- In der ***PK*** gerät das *nun* in die Mitte der ersten Silbe, zwischen das Personalmorphem und den ersten Wurzelradikal, und wird assimiliert. Als Zeichen dafür erhält der erste Wurzelbuchstabe einen Dagesch. Die Lautfolge ist *i-a-e*: יִכָּתֵב

- Die Vorsilbe im ***Imp.*** und ***Inf.*** ist הִן, wobei das *nun* ebenfalls assimiliert wird: הִכָּתֵב

## 4.2.2 Die Doppelstämme Piel, Pual und Hitpael

Die drei *binjanim* Piel, Pual und Hitpael werden oftmals auch *D-* oder *Intensiv-Stämme* genannt, weil sie ihren mittleren Radikal verdoppeln und so schon durch ihre äußere Erscheinung ihre Funktion – nämlich die Intensivierung -andeuten. Das Partizip bilden sie mit *mem.*

# Piel

Piel, abgekürzt *pi.*, ist die aktive (und zugleich häufigste) Form der D-Stämme mit der Lautfolge *i-e* in der AK, דִּבֵּר *er redet.*

Das Piel betont das Faktische, den ergativen Aspekt und hat gegenüber dem *q* eine stärkere illokutionäre Kraft.

In der PK fällt auf, dass die erste Silbe mit einem *Schwa* anlautet יְדַבֵּר. Im Narrativ führt dies dazu, dass das Personalmorphem keinen Dagesch erhält וַיְדַבֵּר *da sprach er.*

Inf.c. und abs. sind oftmals formal identisch, auch der Imperativ (Sg.m.) bildet gleichlautende Formen: דַּבֵּר. Der fem. Imperativ lautet דַּבְּרִי, der Pl. m. דַּבְּרוּ, das Partizip m. מְדַבֵּר und fem. מְדַבֶּרֶת.

# Pual

Pual, abgekürzt *pu.*, ist die passive Form zum Piel; es hat diese Funktion auch teilweise für das Qal mit übernommen, deshalb finden sich im Lexikon einige Formen unter *pu* aufgelistet, die ein ursprüngliches Qal-Passiv repräsentieren, z.B. לֻקֳחָה Gen 2,23. Die Lautfolge ist *u-a* in der AK, z.B. קֻבַּר *da wurde er bestattet* Gen 25,10. Bisweilen findet sich auch ein Kamez chatuf in der ersten Silbe, z.B: שָׁדְּדָה *verwüstet sein* Nah 3,7.

Auch im Pual befindet sich in der PK ein *Schwa* im Anlaut, z.B. יְצֻוֶּה *befohlen werden* Ex 34,34. Der Narrativ kommt wie im Piel ohne Dagesch im Personalmorphem daher; es sind im Biblischen Hebräisch allerdings nur wenige Vorkommnisse belegt, z.B. וַיְבֻקַּשׁ *da wurde untersucht* Est 2,23.

Der Inf.c. und abs. sind mit den Formen עֻנּוֹתוֹ Ps 132,1 bzw. גֻּנֹּב Gen 40,15 je nur einmal belegt; das Partizip wird mit *mem* und Dagesch im mittleren Radikal gebildet, wie z.B. מְמֻלָּח *gesalzen* Ex 30,35. Einen Imp. gibt es im Pual nicht.

## Hitpael

Hitpael, abgekürzt *hit.* oder *hitp.*, ist die reflexive oder passive Form der D-Stämme. Sie zeichnet sich - neben der Doppelung - aus durch die Vorsilbe *hit*, welche in der PK mit dem Präfix und im Partizip mit dem nomenbildenden Element *mem* verschmilzt.

So lautet die AK-Form (3.Sg.m.) von *gehen* הִתְהַלֵּךְ und die entsprechende PK-Form יִתְהַלֵּךְ bzw. waw-PK וַיִּתְהַלֵּךְ. Imp. Sg.m. und die beiden Infinitivformen sind wieder identisch: הִתְהַלֵּךְ (Inf.a. ist allerdings von dieser Wurzel nicht belegt); das Partizip lautet m. מִתְהַלֵּךְ und fem. מִתְהַלֶּכֶת.

- Oftmals steht bei den D-Stämmen die faktitive Bedeutung im Vordergrund (das Ergebnis einer Handlung); hierin ähneln sie in solchen Fällen dem H-Stamm. Z.B. bedeutet die √גדל im Piel *„groß werden lassen"*, *„heranziehen"* (im hif.: *groß machen*).

- Kann der mittlere Radikal nicht verdoppelt werden (Dagesch forte), so findet Ersatzdehnung statt: יְבָרֵךְ *jᵉwarech, er segnet*, oder virtuelle Schärfung וַיְמַהֵר *wajᵉmaher, da eilte er*).

- Trifft das ת der Vorsilbe *hit* im Hitpael auf bestimmte Buchstaben, können folgende Phänomene auftreten:

**t + Zischlaut** (צ ס שׁ):
**Metathesis**: Vertauschung der Buchstaben
הִשְׁתַּמֵּר (*sich hüten*) statt *הִתְשַׁמֵּר (√שׁמר)

**t + Dental** (*t, d*):
**Assimilation**
מְדַבֵּר *sprechend*, Pt. m. Sg., statt *מִתְדַּבֵּר (√ דבר)

## 4.2.3 Die Kausativstämme Hifil und Hofal

Kausativstämme haben als besonderes Kennzeichen das Präformativ *he* und werden deshalb häufig *H-Stämme* genannt. Sie haben die *Wirkung* einer Aktion im Blick.

# Hifil

Der *binjan* Hifil ist die aktive Aktionsart der H-Stämme. Kennzeichen in der ***AK*** ist die Vorsilbe *hi*: הִגְדִּיל *er macht groß.* Im Vordergrund steht die auszuführende **Aktion**: *machen, dass etwas geschieht.* Man beachte den Unterschied zum Piel oben, bei dem das Ergebnis, das Faktitive wichtig ist.

In der ***PK*** ist das kurze *a* unter dem Präformativ typisch: יַגְדִּיל.

> • Im Hifil kann man Kurz- und Langform gut unterscheiden: Während die LF ein *jod* zwischen dem zweiten und dritten Radikal bietet, hat die Kurzform lediglich ein *Sere*.
>
> | | | |
> |---|---|---|
> | LF | תַּגְדִּיל | *sie wird groß machen* |
> | KF | וַתַּגְדֵּל | *da machte sie groß* |

• Das Partizip wird mit *mem* gebildet. Auch unter diesem Präfix findet sich der typische *a*-Laut - ebenso wie das *jod* zwischen dem zweiten und dritten Radikal: יהוה מַצִּיל *(der Herr errettet).*

Imp. und die Infinitive haben ein *he* in der ersten Silbe; so lautet der Imp.Sg.m. von קרה etwa הַקְרֵה־נָא *lass mich treffen,* der

Inf.c. von נכה heißt הַכּוֹת und der Inf.a. desselben Wortes הַכֵּה. Deutlich ist bei allen Formen das kurze anlautende *a*.

## Hofal

Der *binjan* Hofal ist passiv zum Hifil; er drückt also gleichzeitig eine Veranlassung und ein Erleiden aus. Sein Kennzeichen ist das passive *o*, welches sich als Kamez chatuf in der ersten Silbe findet, und zwar in der AK, im Imp. und Inf. als Vorsilbe *ho* und in der PK als Teil des Personalmorphems. Das Partizip wird mit dem passiven Laut *u* und der entsprechenden Vorsilbe *mu* gebildet.

An Imperativen sind nur zwei Formen belegt: הָפְנוּ in Jer 49, 8 und הָשְׁכְּבָה in Ez 32,19. Die AK von גלה lautet הָגְלָה *hoglah er wird in die Verbannung geführt*, die PK von *sterben* יוּמָת, der Inf.c. von שׁמם heißt בָּהְשַּׁמָּה und הָשַּׁמָּה; und von ילד *geboren sein* הֻלֶּדֶת; das m. Partizip von נצב *gestellt sein* מֻצָּב; das f. Part. von יצא lautet מוּצֵאת.

## 5. Starke und schwache Verben

Das hebräische Verbum hat grundsätzlich **drei Radikale**; das sind Konsonanten, die zur Verbalwurzel gehören. Dieses Phänomen nennt man Trilitteralität. Von diesem Prinzip gibt es so gut wie keine Ausnahmen.

Bei **starken Verben** sind die drei Wurzelkonsonanten immer und in allen Formen *hörbar* und *sichtbar*.

Bei **schwachen Verben** sind in manchen Formen *nicht alle Wurzelkonsonanten hörbar* (sie quieszieren); zudem fallen bestimmte Radikale unter bestimmten Bedingungen aus (Aphairesis, Elision) oder verschmelzen mit dem nächsten Buchstaben (Assimilation), d.h. sie sind *nicht mehr sichtbar*.

Um die Phänomene in der Wurzel genau beschreiben zu können, erhält jede Position der Wurzel eine Bezeichnung.

Zur Benennung der ***Stärken*** (d.i. das Vorhandensein von Gutturalen) bedient man sich lateinischer Zahlen: I, II, III bezeichnet von rechts nach links die entsprechende Position.

Zur Benennung der ***Schwächen*** bedient man sich des Paradigmas der √פעל, *arbeiten*, wobei פ die erste, ע die zweite und ל die dritte Position (von rechts nach links) bezeichnet. Ein Verbum I Gutt. und ל"ה ist also „stark primae laryngalis und schwach *lamed-he*", d.h. an erster Position der Wurzel befindet sich ein Guttural, an dritter ein *he* (z.B. עלה *hinaufsteigen*).

Stärken und Schwächen können an jeder Position der Wurzel auftauchen. An Schwächen kennt das Hebräische:

| 3. Position ל | 2. Position ע | 1. Position פ |
| --- | --- | --- |
| ה א | **י ו „hohle Wurzel"**<br>Außerdem kann an zweiter Position der Stammradikal redupliziert werden:<br>ע"ע | י ו א ן |

Dabei kann ein Verbum durchaus zwei Schwächen haben, *jedoch nicht in unmittelbar aufeinanderfolgenden Radikalen* (**Ausnahme**: בוא, das sowohl hohle Wurzel als auch ל"א ist). Hier gilt der Grundsatz, dass die hohle Wurzel schwächer ist als die anderen Phänomene; das Verbum נוח z.B. ist schwach ע"ו, aber nicht פ"ן, vgl. etwa die Form יָנוּחַ *januaḥ* (*er lagert*): Das ן ist nicht assimiliert, das ו nur mater lectionis. Den Verba ל"ה geht keine hohle Wurzel voran; das Verbum צִוָּה (*befehlen*), zum Beispiel ist schwach ל"ה, aber nicht ע"ו. Im Gegenteil kann hier das *waw* sogar verdoppelt werden, weil das Wort im Piel steht.

## 6. Das starke Verbum

Hat eine *schoresch* keine Bestandteile, die unter irgendwelchen Umständen quieszieren, assimilieren oder wegfallen könnten, so spricht man von einem *starken Verbum*. Als Paradigma für ein starkes Verb ohne Gutturale dient in der Grammatik oftmals die Wurzel קטל *töten*, oder, weniger martialisch, כתב *schreiben*. Des weiteren findet sich die Umschrift von קטל oft, um bestimmte Lautfolgen anzudeuten oder um syntaktische Sachverhalte auszudrücken: *qiṭl, qaṭl, quṭl* zum Beispiel sollen den ursprünglichen Laut der einsilbigen Segolata bezeichnen, und *x-qaṭal* wird in vielen Fachveröffentlichungen für x-AK verwendet.

*q$^{e}$ṭol* meint den Imperativ und Infinitiv der starken Verben, *jiqṭol* die 3.Sg.m. PK usw.

- Hat ein Verb einen Laryngal (**Guttural**) oder ein *resch* in seiner Wurzel, so hat dies Veränderungen der Formen zur Folge. Man spricht in diesem Fall von einer ***Stärke*** des Verbums, selbst wenn die *schoresch* an anderer Stelle eine Schwäche ausweist. Das Verb עשׂה z.B. ist an erster Stelle stark („stark primae gutturalis/laryngalis") und an letzter Position schwach („schwach ל"ה").

Die Gutturale haben immer ihren eigenen Laut bei sich: ein *a* oder ein *ä*, mit dem sie ohne Gewissensbisse die Lautfolge verändern. Statt *jiqṭol* für die 3.Sg.m. PK qal heißt sie für das Verbum אסר *binden jäqṭol*: יֶאְסֹר.

Je nach dem, wo sich der Guttural oder das *resch* eingeschlichen haben, ändert sich also die Lautfolge; bei dem Wort זבח (*opfern*) hat der Laryngal Konsequenzen für die dritte Position: יִזְבַּח; hier findet sich nun ein kurzer *a*-Laut statt des *cholems*.

Gutturale können nicht geschärft werden; in den Intensivstämmen findet deshalb bei Verben *mediae gutturalis* Ersatzdehnung (oder virtuelle Schärfung) statt. Das Gleiche gilt für Verben *primae gutturalis* im Nifal.

So lautet die 3.Pl.f. PK Nif von אמן in Jes 60,4 תֵּאָמַנָה und die 3.Sg.m. AK Pi von נחם in Jes 49,13 נִחַם.

## 7. Schwache Verbklassen

## 7.1 Verben mit einem א an erster Position: פ"א

Die Verben mit einem א an erster Position verhalten sich in der AK wie normale starke Verben. Ihre Besonderheit kommt in der PK, z.T. auch in den anderen Formen zum Tragen. Es gibt acht Verba פ"א; fünf davon bilden ihre Formen in der PK *stets* mit einem quieszierenden א. D.h.: Der erste Wurzelradikal wird zwar *immer geschrieben*, aber *nie gesprochen*:

וַיֹּאמֶר *wajjomär da sprach er;*

vgl. dagegen: וַיֶּאֱסֹר *wajjä'äsor da band er.*

Eine Besonderheit findet sich in der 1.Sg.c.; hier quiesziert das א nicht nur, sondern fällt auch im Schriftbild aus: וָאֹמַר *da sagte ich.*

| **Fünf Verba פ"א** | |
|---|---|
| אמר | *sagen* |
| אבד | *zugrunde gehen* |
| אכל | *essen* |
| אבה | *wollen* |
| אפה | *backen* |

• Neben diesen fünf Verba פ"א gibt es noch drei weitere, die nur einige schwache Formen in der PK bilden:

| **Drei Verba פ"א mit gelegentlich starken Formen** | |
|---|---|
| אחז | *ergreifen* |
| אהב | *lieben* |
| אסף | *sammeln* |

Diese Unterscheidung ist traditionell; im Grunde genommen gehören die drei o.g. Verben in die Kategorie „schwach“, denn es gilt die Regel: Bildet ein Verbum schwache Formen aus, ist es Teil der entsprechenden Kategorie.

## 7.2 Verben mit einem ן an erster Position: פ"ן

Verben, deren erster Radikal ein ן ist, fallen vor allem durch zwei mögliche Phänomene auf: *Assimilation* oder *Aphairesis* (Elision, Wegfall) des schwachen ersten Radikals.

Am häufigsten bei dieser Verbgruppe begegnet die Assimilation; dieses Phänomen ist eigentlich keine „Schwäche", weil es nicht die *schoresch* betrifft, sondern einen phonetischen Vorgang markiert: Der *n-Laut* vor einem anderen Konsonanten wird „verschluckt", dieser dafür verdoppelt:

aus *יִנְטֹשׁ *jintosch* wird יִטֹּשׁ *jittosch, er verwirft*

aus *יִנְגַּשׁ *jingasch* wird יִגַּשׁ *jiggasch, er kommt näher*

Ebenso: וַיִּתֵּן *wajjitten da gab er*

וַיִּגַּע *wajjigga*ʿ *da berührte er*

Das ן unterliegt der Aphairesis lediglich im Imperativ und im Infinitiv *q*, aber nur dann (und dann auch nicht notwendig), wenn die PK dieser Verben in der zweiten Silbe mit *a* gebildet wird: So lautet der **Imperativ** der Wurzel נגשׁ, die wir oben in der PK *q* kennengelernt haben, im mask.Sg. גַּשׁ. Der **Infinitiv** ist eigentlich gleichlautend, wird aber um der Trilitteralität willen um ein feminines *taw* am Ende ergänzt, wie es auch bei den Verba פ"י der Fall ist; dabei sind wieder zwei kurze *e-Laute* hörbar (*Segolatbildung*): גֶּשֶׁת.

Das häufig vorkommende Verbum נתן assimiliert in den meisten Formen der AK auch das zweite ן, z.B. in נָתַתִּי (*ich nahm*).

Assimilation unterbleibt bei Verben stark mediae gutturalis; diese bilden also immer starke Formen. Einzige Ausnahme: das Verb נִחַם (nif.), *bereuen*, das mit virtueller Schärfung arbeitet (es tut einfach so, als sei es verdoppelt).

Auch bei Verben schwach ע"ו oder ע"ע kommt פ"ן nicht zum Tragen.

Das Verbum לקח bildet seine Formen, als sei es ein Verbum פ"ן. Man nennt es deshalb **schwach analog פ"ן.**

## 7.3 Verben mit einem ו an erster Position: פ"ו

Verba פ"ו lauten mit einem Vokal an; im Lexikon findet man sie unter י (nicht, wie man erwarten würde, unter ו), weil u.a. ihre AK mit diesem Buchstaben beginnt, z.B. יָשַׁב *er wohnt*.

Diese Verbgruppe bildet ihre Formen auf zweierlei Weise. Der eine, sehr kleine Teil verhält sich analog den Verba פ"י, so dass man aufpassen muss, eine Wurzel nicht der falschen Klasse zuzuweisen.

| |
|---|
| וַיִּיצֶר aber auch defektiv: וַיִּצֶר *da formte er* |

Die andere, weitaus größere und wichtigere Gruppe hat ***Aphairesis*** (Elision, Wegfall) des ersten, schwachen Radikals in der *PK*, im *Imperativ* und im *Infinitiv constructus.*

In der **PK** bietet dabei die erste Silbe ein *unwandelbares* (d.h. immer und unter allen Umständen vorhandenes), die zweite ein tonlanges, wandelbares (d.h. je nach Situation sich verflüchtigendes) *e.*

| | | | |
|---|---|---|---|
| וַיֵּשֶׁב | *da setzte er sich* | וַיֵּצֵא | *da zog er hinaus* |
| וַיֵּשְׁבוּ | *da setzten sie sich* | וַיֵּצְאוּ | *da zogen sie hinaus* |

Der **Infinitiv constructus** wird mit der femininen Endung *taw* gebildet - sozusagen als Ausgleich für den ausgefallenen ersten Radikal. Dabei fallen wieder zwei *e-Laute* ins Auge; die Formen sind gebildet wie *Segolata:*

לֶדֶת *ein Kind bekommen,* רֶדֶת *herabsteigen,* שֶׁבֶת *wohnen,* צֵאת *hinausgehen* (etwas andere Lautfolge wegen der ל"א - Schwäche), דַּעַת (*wissen* ; wegen des Gutturals mit *a-Laut*)

Der **Imperativ** wird mit Elision als besonders kurze Form gebildet (genau wie bei den Verba פ"ן):

| | |
|---|---|
| Imp.Sg.m.: | שֵׁב צֵא דַּע |
| Imp.Sg.f.: | שְׁבִי |
| Imp. Pl.m.: | שְׁבוּ |

• Das **ursprüngliche *waw*** taucht im **Nifal** und im **Hifil** wieder auf; im Nifal Imperativ, Infinitiv und in der PK ist es sogar ein fester, verdoppelter Konsonant: יִוָּשֵׁב, הִוָּשֵׁב. In der AK des Nifal und im Hifil findet sich das *waw* als וֹ, *cholem magnum*: הוֹשִׁיב (*er lässt wohnen*). Hier ist es also nur noch mater lectionis.

• Im Hifil lassen sich wieder Kurz- und Langformen unterscheiden:

| | | |
|---|---|---|
| יוֹשֵׁב | KF | *er möge wohnen lassen* |
| יוֹשִׁיב | LF | *er wird wohnen lassen* |

> Das Verbum הלך bildet seine Formen so, als sei es schwach פ"ו (Gruppe 2); deshalb nennt man es **schwach analog** פ"ו.

## 7.4 Verben mit einem י an erster Position: פ"י

In diese Gruppe fallen nur sechs Verben:

| | | | |
|---|---|---|---|
| יטב | *gut sein* | יקץ | *erwachen* |
| ינק | *saugen* | ילל | *heulen* |
| ישן | *schlafen* | ימן | *rechts gehen* |

**Alle anderen Verben, die mit einem jod beginnen, sind Verba פ"ו!**

- Besonderes Kennzeichen dieser Verbgruppe ist es, dass der schwache erste Radikal nicht elidiert (er fällt nicht weg), sondern kontrahiert wird oder als *mater lectionis* stehen bleibt: יִיטַב *er ist gut*: Das Personalkennzeichen der PK verschmilzt hier mit dem ersten Wurzelradikal zu einem langen ī, das Wurzeljod ist nur noch mater lectionis.
- Der zweite Laut ist in der PK immer ein *a*.
- הֵיטִיב Im Hifil von AK und PK wird der hifil-typische a-Laut mit dem jod zu einem langen ē kontrahiert (aus *ha-j-tiw* wird *h*ē*-tiw*).

- In der PK-Hifil sind Kurz- und Langformen zu unterscheiden:

| | | |
|---|---|---|
| וַיֵּיטֶב | Narrativ, PKKF | *waj'jetew* |
| יֵיטִיב | Indikativ, PKLF | *je'tiw* |

Die Verben dieser Klasse kommen fast nur im Kal und Hifil vor.

## 7.5 Verben mit redupliziertem zweiten Radikal: ע"ע

Wie die Verben der Hohlen Wurzel und פ"ו haben die Verben der Klasse ע"ע nur zwei Wurzelradikale. Da hier der Stammvokal kurz ist (und nicht, wie in der Hohlen Wurzel, lang), klingt der letzte Radikal verdoppelt (*sabb* √סבב *umzingeln*). Dieses Phänomen nennt man *Gemination*. Das ע der Kategorie ע"ע deutet also auf die **Verdoppelung des zweiten Wurzelradikals**, nicht auf einen schwachen Guttural.

Manche Formen dieser Verbklasse werden immer stark gebildet. Dies sind die Partizipien *q* (סֹבֵב), der Inf.a. (סָבֹב) und alle Formen der Intensivstämme *Piel, Pual, Hitpael* (sofern diese ausgeformt werden); die 3.Sg. AK *q* kennt starke und schwache Formen - hier ist jedes Verb verschieden, und auch von ein und derselben Wurzel finden sich verschiedene Bildungen.

Die schwachen Formen werden oftmals **verdoppelt**: תַּמּוּ, *sie sind fertig*; nicht selten wird dabei der erste Radikal statt des zweiten geschärft (יִסֹּב sog. *aramäische Bildung*), oder gleich beide: יִתַּמּוּ.

Vor konsonantischen Afformativen erscheint ein *Bindevokal* (auch *Trennvokal* genannt), und zwar ein וֹ in der AK: סַבּוֹתֶן *ihr habt umzingelt* - und ein יֶ in der PK: תְּסֶבֶּינָה *ihr habt umzingelt.*

In den PKו-Formen immer, im Inf.c. und Imp. wenn die Stammsilbe unbetont ist, wird der Ton zurückgenommen: Es entsteht ein *Kamez chatuf.* חָנֵּנוּ *cho'nnenu, begnade du uns.*

Neben den normalen Intensivstämmen bildet diese Verbklasse auch hier besondere Formen; statt des nicht vorhandenen mittleren Radikals wird der letzte (=zweite) Buchstabe redupliziert oder gleich der ganze Stamm: עוֹלֵל 3.Sg.m. AK *polel* von עלל *übel behandeln*; גִּלְגַּלְתִּי 1.Sg.m. AK *pilpel* von גלל, *sich wälzen.*

Der Formenreichtum dieser Verbklasse ist sehr groß, und die Bildungsmuster sind nicht immer einheitlich; oftmals erinnern sie an andere Verbschwächen. Dafür entschädigt diese Gruppe mit ihrer Seltenheit.

## 7.6 Hohle Wurzeln: ע"ו"י

Wie die Verba ע"ע besteht diese Verbgruppe auch aus ursprünglich nur zweiradikaligen Wurzeln; im Gegensatz zu ע"ע aber ist der Stammvokal lang, was im Hebräischen durch *mater lectionis* ausgedrückt werden kann: *jod* und *waw* bezeichnen hier also keinen Wurzelkonsonanten, sondern einen Laut (ein Phonem).

Deshalb heißt diese Verbklasse „Hohle Wurzel": In ihrer Mitte ist kein Konsonant, sondern nur ein Vokal.

Dieser lange Vokal in der Mitte hat für die Formenbildung einige Konsequenzen, die aber diese Verbklasse leicht identifizierbar macht. Hier die wichtigsten Phänomene:

- Das Lexikon zitiert diese Verben statt in der 3.Sg.m. AK im **Inf.c.**; diese Form bietet alle drei Radikale und weist zugleich den Stammvokal auf (*i, o* oder *u*); vgl. בִּין, בּוֹא, קוּם.
- In der AK bleibt die Wurzel einsilbig und trägt den Ton, der (fast) immer mit Kamez gebildet wird: קָם. Mit dieser Form (3.Sg.m./f. *q*) ist das *Partizip identisch* (wobei das Pt.f. auf der Ultima betont ist, die AK auf der Paenultima: קָמָ֫ה bzw. קָ֫מָה✪).
- In der PK wird als Ersatz für den fehlenden Radikal der Ton des Präformativs gedehnt; die Betonung liegt also auf dem Personalkennzeichen. Dadurch verflüchtigt sich der zweite Laut: Kamez wird zu *Kamez chatuf*; zugleich wird damit der Wurzelvokal *o* hörbar: וַיָּקָם ***waj'jakom***, (*da stand er auf*).

Der Inf.a. qal hat bei allen Verba ע"ו ein *o*, bei den Verba ע"י ein *i* (קוֹם, בִּין); im Imp.Sg. taucht der Stammvokal auf (קוּמִי).

Man kann auch im *qal* Kurz- und Langformen unterscheiden:

יָקָם KF (mit Kamez chatuf) Jussiv *er soll aufstehen*

יָקוּם LF Indikativ *er wird aufstehen*

Im *Hifil* findet sich das Übliche:

יָקֵם KF mit *sere* *er möge aufstehen lassen*

יָקִים LF mit *chirek er wird aufstehen lassen*

Die Wurzel מות weist als Zustandsverbum besondere Formen auf; die 3.Sg.m. AK q. lautet מֵת *er ist tot.*

Vor einer konsonantischen Personalendung hat diese Verbgruppe zuweilen einen *Bindevokal* (auch *Trennvokal* oder *Infix* genannt), und zwar in der PK ein ֵי, in der AK ein וֹ (wie die Verba ע"ע): תְּשׁוּבֶינָה, הֲקִימוֹתִי, aber vgl. הֵבֵיאתָ.

- Die Hohle Wurzel hat in ihrer Mitte nichts, was sich verdoppeln ließe. So werden die *Intensivstämme* durch ***Reduplikation des zweiten (letzten) Radikals*** gebildet:
**polel** קוֹמֵם *aufrichten*, **hitpolel** הִתְבּוֹשֵׁשׁ *sich voreinander schämen*, **polal** רוֹמַם *erhöht sein*

## 7.7 Verben mit einem א an letzter Position: ל"א

Die Verben ל"א bilden z.T. starke, z.T. schwache Formen. *Starke Formen* finden sich grundsätzlich im *Anlaut einer Silbe*; hier ist das א Radikal und trägt einen eigenen Laut: מָצְאָה ***maz<sup>e)</sup>ah***, *sie findet.* In *schwachen Formen* wird das א zur *mater lectionis* oder quiesziert; aber es ist immer (zumindest in der Regel) als Graphem vorhanden, so dass diese Verbgruppe keine lexikalischen Probleme bereitet.

מָצָא *er findet*; מָצָאתָ *du findest*; מָצְאוּ *sie finden*; aber leider auch schon einmal מָצָתִי statt מָצָאתִי Num 11,11.

## 7.8 Verben mit einem ה an letzter Position: ל"ה

Die Verben ל"ה sind Verben, die vokalisch auslauten; ursprünglich ist ihnen ein י oder (weitaus seltener) ein ו als letzten Radikal zu eigen, und das ה dient lediglich als ein Zeichen für vokalischen Auslaut. Ähnliches kennen wir in unserer Sprache (z.B. bei den Wörtern *Schuh* oder *Vieh*). Im Hebräischen ist das ה zur Regelendung geworden; lediglich in geschützten Silben taucht das ursprüngliche י oder ו wieder auf: קָנִיתִי *kaniti, ich habe erworben.* Als Radikal findet es sich im (eher seltenen) qal Passiv: גָּלוּי *galuij es ist offenbar.*

Da das ה nur eine offene Silbe abschließt - also *mater lectionis* ist-, ist es in den meisten Fällen der Elision anheimgegeben; so fällt es in Formen mit vokalischem Personalkennzeichen aus: עָשׂוּ, *ʿaśu, sie haben gemacht*, ebenso יִגְלוּ *jiglu, sie führen weg.*

Der Inf.c. wird mit femininer Endung וֹת gebildet: עֲשׂוֹת *ʿaśot, machen*, und die 3.Sg.f. AK wird aus Gründen der Aussprache mit ת und angehängter Endung ָה gebildet: הָיְתָה *hajᵉta, sie oder es ist.*

Bei dieser Verbgruppe kann man auch im *qal* Kurz- und Langformen unterscheiden: יְהִי *jehi,* es werde, וַיַּעַשׂ *wajja'as, da machte er.* Demgegenüber endet die LF auf ē wie in יִהְיֶה *jihejäh,* (es wird sein). In der *1.Person communis* sind LF und coh. identisch: אֶהְיֶה (ich werde/will sein).

Ist das ה in endungslosen Formen *mater lectionis,* so geht ihm als Vokal voraus:

- הָ *Kamez* in der AK: עָשָׂה (er macht)
- הֶ *Segol* in der PKLF und im St.a. des Pt.m.Sg.: יַעֲשֶׂה; עֹשֶׂה, *er macht*
- הֵ *Sere* im Imp. und St.c. des Pt.m.Sg.: עֲשֵׂה *mache;* עֹשֵׂה שָׁמַיִם וָאָרֶץ („...*der Himmel und Erde schafft*" Ps 121,2).

**Wenn das ה zur Wurzel gehört, also Radikal ist, wird es mit Mappiq geschrieben und ist dann stark, z.B. bei der schoresch גבהּ.**

## 7.9 Doppelt schwache Verben

Eine Reihe von Verben weist zwei der hier aufgeführten Schwächen auf, z.B. נכה *schlagen,* ist sowohl ל"ה als auch פ"ן. Dabei haben diese Verben Eigenschaften *beider Schwächen* in ihren

Formen zur Ausprägung gebracht: הִכָּה ***hikkah***, 3.Sg.m. AK hif., *er schlägt*; schwieriger zu erkennen im Narrativ: וַיַּךְ. Allerdings gilt die Regel, dass nicht zwei Schwächen aufeinanderfolgen, so dass nur am Anfang und Ende der entsprechenden Lexeme eine Schwäche zu erwarten ist. (Ausnahme ist hier lediglich בוא, *hineingehen*, das sowohl hohle Wurzel als auch ל"א ist). Da am Anfang neben dem hier vernachlässigbaren א nur ein נ und ו/י und am Ende ה und א schwach sein können, sind doppelt schwache Verben sogar recht leicht lexikalisch zu verifizieren.

Folgende Überlegungen etwa führen zur Identifizierung der *schoresch* der Form וַיֵּטּו:

- An erster Position könnte sich ein *alef*, *waw* oder *nun* verbergen; ein *alef* aber würde man sehen. Der *dagesch* im mittleren Radikal deutet auf ein assimiliertes *nun*.

- An letzter Position könnte ein *he* oder *alef* stehen. Auch hier gilt, dass das *alef* nur quieszieren, nicht elidieren würde. Also muss an dieser Stelle ein *he* ausgefallen sein.
  Die Wurzel dieses Wortes lautet entsprechend נטה.

## 7.10 Das Verbum שׁחה bzw. חוה

Ein recht häufiges Wort im Hebräischen ist das Verb „*niederfallen, anbeten*", das in älteren Wörterbüchern unter der Wurzel שׁחה geführt wird. Diese Wurzel kann Kontextphänomene jedoch nicht ganz abdecken, z.B. וַיִּשְׁתַּחוּ in Gen 18,2, *da fiel er nieder*. Das

Wort ist eindeutig 3.Sg.m. - aber woher kommt das ו am Ende? Kann man das שׁ nach dem Personalkennzeichen noch als Metathesis deuten - das ת des Hitpael vertauscht mit Zischlauten (צ ס שׂ) die Position - so bereitet das ו Probleme. Möglich wäre, es als ursprünglich auslautenden Vokal zu verstehen; in diesem Fall verwundert es aber, dass es nicht wenige Formen (z.B. im Pl.) mit konsonantischem Charakter ausbildet. Deshalb leitet man in den modernen Werken das Wort von einer anderen *schoresch* ab, nämlich חוה, die das *waw* leichter verständlich macht. Man geht dann von einer ungewöhnlichen Bildung aus, nämlich von einem t-Reflexiv des Schafel (Hischtafel), das die Vorsilbe: הִשְׁתְ bzw. וַיִּשְׁתְּ *in der PK erklärt (vgl. GK §55i; Meyer §72, 1d).* Dieser Binjan begegnet z.B. im Aramäischen, wäre aber im Biblischen Hebräisch singulär.

# *D. Die unflektierbaren Wortarten (Partikeln)*

## 1. Die Personalpronomen

Das Hebräische kennt neben den selbständigen auch enklitische Personalpronomen, die als Suffixe an ein Nomen, Verb oder an eine Partikel (sei es eine selbständige oder proklitische) angehängt werden können. Die Suffixe (oder ePPs) sind dabei aus den selbständigen Formen abgeleitet; man sieht deutlich ihre morphologische Verwandtschaft.

| | | **selbständig** | | **enklitisch (ePPs)** | |
|---|---|---|---|---|---|
| **Sg.** | 1.c. | אָנֹכִי אֲנִי | ich | ־ִי; ־נִי; ־ַי am Pl. | mein, mich |
| | 2.m. | אַתָּה | du | ־ךָ ־כָה ־ךְ *i.p.* | dein, dich |
| | 2.f. | אַתְּ | du | ־ךְ | dein, dich |
| | 3.m. | הוּא | er | ־וֹ ־הוּ ־ו; ־ָיו am Pl. | sein, ihn |
| | 3.f. | הִיא *Nf.* הִוא | sie | ־הָ ־הּ ־ָה | ihr, sie |
| **Pl.** | 1.c. | נַחְנוּ אֲנַחְנוּ | wir | ־נוּ | unser, uns |
| | 2.m./c. | אַתֶּם | ihr | ־כֶם | euer, euch |
| | 2.f. | אַתֵּנָה | ihr | ־כֶן | euer, euch |
| | 3.m./c. | הֵמָּה הֵם | sie | ־הֶם ־ם | ihr, sie |
| | 3.f. | הֵנָּה | sie | ־הֶן ־ן | ihr, sie |

An ein Nomen angehängt, drücken die enklitischen Personalpronomen (ePP) ein possessives Verhältnis aus, an einem Verb oder einer Partikel sind sie Zielgröße, im Deutschen „pronominales (bzw. präpositionales) Objekt".

| | |
|---|---|
| סִפְרִי | *mein Buch* |
| אֲהַבְתִּיךָ | *ich liebe dich* |
| בּוֹ | *mit ihm, durch ihn* |

## 2. Die wichtigsten Partikeln im Überblick

| **Affirmative** | **Negationen** |
|---|---|
| כֵּן *ja*<br>אָכֵן/אַךְ *gewiss*<br>לוּ/לוּא/לֵא/לוּלֵא *fürwahr*<br>יֵשׁ *es gibt* (bezeichnet das Vorhandensein von etwas im NoS) | לֹא Negation des Indikativ<br>אַל Negation des Jussiv<br>פֶּן *damit nicht*<br>בַּל *nicht*<br>בִּלְתִּי *ohne dass, damit nicht*<br>אוּלָם *nichtsdestoweniger*<br>אֶפֶס *nicht mehr*<br>אֵין *es gibt nicht* (bezeichnet das Nichtvorhandensein im NoS)<br>St.a.: אַיִן mit ePP:אֵינֶנִּי |

| Fragepartikeln | |
|---|---|
| הַ· Fragepartikel<br>(*he* + *pataḥ*; bisweilen auch *chatef-pataḥ* oder *segol*):<br><br>הֲלֹא/הַאִם *Ist es nicht so?*<br><br>הֲ - אִם *ob - oder* | מִי *wer*<br>מַה *was*<br>מָתַי *wann*<br>לָמָּה/מַדּוּעַ *warum*<br>אֵךְ *wie*<br>אָנָה *wohin*<br>אַיִן *wo*<br>מֵאַיִן *woher* |

| Emphatische Partikeln | Proklitische Partikeln |
|---|---|
| כִּי *ja, gewiss*<br><br>הִנֵּה *siehe, hier ist;*<br>→ mit ePP: הִנְנִי/הִנֶּנִי<br><br>-נָא zur Verstärkung angehängt („*doch*") | וְ *und* (Kopula)<br><br>בְּ *in, mit, durch, als*<br>לְ *in Bezug auf*<br>מִ *von weg*<br>(eig. מִן; hier assimiliert und mit Dagesch im nächsten Konsonanten)<br>כְּ Vergleichspartikel, auch temporal |

| Präpositionen | |
|---|---|
| אֶל *hin zu* | נֶגֶד *bei* |
| עִם *mit* | תַּחַת *anstelle von, unterhalb* |
| אֵת/אֶת Hinweis auf eine det. Zielgröße *mit ePP:* אֹתִי/אֹתְךָ/אֶתְכֶם | בְּלִי *ohne* |
| אֵת/אֶת mit; mit ePP: אִתִּי/אִתְּךָ/אִתְּכֶם | יַעַן אֲשֶׁר/יַעַן *weil, wegen* |
| מִן *von, von weg* | סָבִיב *ringsum, rings, herum* |
| בֵּין *zwischen* (St.a.: בַּיִן) | אַחֲרֵי/אַחַר *hinter* |
| אֵצֶל *„Seite", bei, neben,* | אַחֲרֵי כֵן *danach, hierauf* |
| | זוּלָת *außer* |

| Konjunktionen | | Interjektionen | |
|---|---|---|---|
| וְ | *und* | אוֹי/אוֹיָה | *wehe, ach* |
| אֲשֶׁר/שֶׁ | Relativpartikel → *„von dem gilt, dass"* | הוֹי/הוֹ | *wehe* |
| אִם | *wenn, wenn auch* | הֵן/הִנֵּה | *siehe* |
| גַּם | *auch* | אַךְ | *ach, gewiss, nur* |
| פֶּן | *damit, dass nicht* | הָבָה/הָבִי/הָבוּ | *auf, wohlan* |
| (בְּ)טֶרֶם | *bevor* | | |
| יַעַן | *weil* | | |

## 3. Enklitische und selbständige Partikeln

### 3.1 Die enklitischen Partikeln

Die hebräische Sprache ist reich an „kleinen Wörtern"; mit ihrer Hilfe setzt sie Sachverhalte und Ereignisse in Beziehung und bestimmt sie näher, ohne dass sie dafür auf Kasus zurückgreifen müsste. Die Verwendung der Partikeln ist mannigfaltig, und oftmals können sie auch miteinander kombiniert werden, so dass sich eine Reihe weiterer Bedeutungen und Nuancen ergibt. So heißt etwa die Präposition עַל („auf, gegen") in Verbindung mit der Partikel כֵּן „deshalb" עַל־כֵּן. Partikeln können auch miteinander verschmelzen, so z.B. עַל mit מִן: מֵעַל „von oben". Den Kombinationsmöglichkeiten sind hier kaum Grenzen gesetzt, wie die langen Artikel zu den kurzen Wörtern in den Lexika eindrücklich zeigen.

### 3.1.1 Die Partikeln לְ כְּ בְּ

| | |
|---|---|
| Präfixe werden mit ihrem Bezugswort unmittelbar verbunden und erhalten ein Schwa vor Konsonanten mit Vollvokal. | לְ + מֶלֶךְ = לְמֶלֶךְ |
| Präfixe verschmelzen mit dem Artikel des Bezugswortes zu einem synkopierten Artikel und übernehmen den Vokal des Artikels. | לְ + הַ + מֶלֶךְ = לַמֶּלֶךְ |
| Präfixe erhalten ein *chirek* vor Konsonanten mit einem Schwa (Kontraktion). | בְּ + שְׁכֶם = בִּשְׁכֶם |
| Präfixe übernehmen vor Konsonanten mit einem Schwa-compositum den Vokal dieses Konsonanten. | לְ + אֱדֹם = לֶאֱדֹם |

- Die Partikel כְּ hat vor ePPs oft eine vollere Form: כָּמוֹ (hier mit ePP 3.Sg.m.).

Vgl. auch Ex 15,11: מִי־כָמֹכָה בָּאֵלִם יְהוָה *Wer ist **wie du** unter den Göttern, JHWH?*

### 3.1.2 nun- und he-paragogicum

| | |
|---|---|
| Im Hebräischen, besonders in älteren poetischen Texten, wird eine geschlossene Silbe als sehr ästhetisch empfunden. Deshalb findet man bisweilen an offenen Personalendungen ein *nun* angehängt, welches die Silbe schließt. | תְּמוּתוּן<br>*ihr werdet sterben* |
| Im Imperativ begegnet zuweilen eine cohortativisch anmutende Form mit auslautendem *he*, die eine besondere Fülle andeutet. | לְכָה *Gehe!*<br>statt לֵךְ |

### 3.1.3 *nun*-energicum

| | |
|---|---|
| Zur Verstärkung einer Endung findet sich vor einem ePP bei einem Verb oder einer Partikel ein *nun*, dem ein Segol vorangeht; oftmals verschmilzt es mit dem ePP, so dass dieses einen Dagesch erhält („assimiliertes ן-energicum") | נֶ<br>הִנֶּנִּי statt הִנֵּנִי *siehe, da bin ich*<br>הִנֵּה + נֶ + נִי ←<br>ַכֶּכָּה *er schlägt dich* (Ps 121,6)<br>ַךְ + ֶ + [נ] + כָּה ← |

## 3.2 Die selbständigen Partikeln

### 3.2.1 Die Präposition מִן von, weg von, aus

| | |
|---|---|
| Als selbständige Partikel hat sich מִן nur vor dem Artikel erhalten. In allen anderen Fällen wird es unter Assimilation des ן mit dem Bezugswort enklitisch verbunden. Der erste Buchstabe erhält als Zeichen für die Assimilation einen Dagesch forte. | מִן + יַם = מִיַּם |
| Vor folgendem Guttural bzw. ר tritt Ersatzdehnung ein | מֵעַם |
| oder virtuelle Schärfung. | מִהְיוֹת |
| מִן kann mit anderen Partikeln verbunden werden. | + ל+מִן ← מִלִּפְנֵי<br>פְּנֵי St.c.Pl. von פָּנֶה |
| Soll an die Präposition ein ePP angehängt werden, redupliziert sich der Stamm, und häufig taucht ein *nun-energicum* auf. | מִמֶּנּוּ<br>← ePP 1.c.Pl. oder 3.Sg.m. + ּ ֶ<br>+ מִן + מִן |

### 3.2.2 Die Präposition אֶת

Die Präposition אֶת weist auf eine determinierte Zielgröße, ihr folgt das Objekt der Satzaussage. Sie ist rein zeichenhaft und deutet nicht auf ein Ereignis oder einen Sachverhalt *außerhalb* ihres Bezugssystems; sie hat also keine „Bedeutung" und wird auch nicht übersetzt. Im Deutschen kommt es oft so aus, dass die Partikel als Akkusativ erscheint; dennoch ist sie diesem (oder einem anderen) deutschen Kasus nicht gleichzusetzen, denn nicht selten sind andere Konstruktionen im Deutschen angemessener. So gibt es etwa für die erste Sinneinheit von Num 11,12 mehrere Übersetzungsmöglichkeiten:

הֶאָנֹכִי הָרִיתִי אֵת כָּל־הָעָם הַזֶּה

*Habe etwa ich dieses ganze Volk getragen?*

*Bin etwa ich mit diesem ganzen Volk schwanger gewesen?*

Man sieht deutlich, dass die unterschiedlichen Übersetzungen (Akkusativ oder präpositionales Objekt) durch den Ansatz der deutschen Konstruktion zustande kommen und nicht durch das Hebräische bedingt sind.

אֵת als Ziel der Sprechhandlung kann auch ein eigenes Syntagma benennen; z.B. in Gen 9,24 einen Relativsatz:

וַיֵּדַע אֵת אֲשֶׁר־עָשָׂה־לוֹ בְּנוֹ

*Da erkannte er, was sein Sohn ihm getan hatte.*

Auch hier ist deutlich, dass der Begriff *nota accusativi* für die Partikel אֵת zu kurz greift.

Die Verbindung mit ePPs hat vornehmlich einen o-Laut bei sich; bei den „schweren", endbetonten Suffixen bleibt das *ä* erhalten.

| |
|---|
| אֹתָם ... אֹתִי, אֹתְךָ, אֹתוֹ |
| aber: אֶתְכֶם |

## 3.2.3 Die Präposition עִם, mit

| | |
|---|---|
| עִם mit ePP im Singular | עִמָּהּ, עִמְּךָ; עִמָּדִי Nf.: עִמִּי etc. |
| עִם mit ePP im Plural | עִמָּהֶם, עִמָּכֶם etc. |

# *E. Syntax*

## 1. Satzarten

Im Deutschen muss ein Satz mindestens zwei Elemente aufweisen, um als solcher zu gelten: Subjekt und Prädikat; das Prädikat ist dabei ein finites Verb, und sei es lediglich eine Kopula (Hilfsverb). Kennt das Deutsche *ausschließlich* Verbalsätze, ist dies im Hebräischen nicht so; hier ist es durchaus möglich, auf die Kopula zu verzichten und reine ***Nominalsätze*** zu bilden:

דָּוִד גָּדוֹל *David **ist** groß.*

Gen 1,2: וְרוּחַ אֱלֹהִים מְרַחֶפֶת עַל־פְּנֵי הַמָּיִם
*Und der Geist Gottes schwebte über dem Wasser.*

Es ist sogar möglich, einen Einwortsatz zu bilden:
הִנֵּנִי *Siehe: ich*; s*iehe, da bin ich.*

Gen 4,2: וְקַיִן הָיָה עֹבֵד אֲדָמָה
*Aber Kain wurde ein Ackerbauer.*

In diesem Satz hat die *schoresch* היה nicht den Charakter eines Hilfsverbs, sondern schildert einen vergangenen Sachverhalt in der Rückschau; ohne das finite Verb (וְקַיִן עֹבֵד אֲדָמָה) hätte der Satz eine völlig andere Zielrichtung und beschriebe als NoSpt eine in der

Vergangenheit sich ereignende Szene: *„Und Kain bearbeitete [gerade] (den) Ackerboden"*.

***Verbalsätze*** werden im Hebräischen mit Hilfe zweier Konjugationsarten gebildet, der *Afformativ- oder Affixkonjugation* (AK) und der *Präformativ- oder Präfixkonjugation* (PK). Die AK wird bisweilen auch (präziser) *Suffixkonjugation* (SK) genannt.

Dabei ist es von besonderer Bedeutung, *wo im Satz* das finite Verb auftaucht; um die Stelle syntaktisch zu beschreiben, werden die nicht-finiten Satzteile als „x" bezeichnet und die übrigen verbhaltigen Elemente (Partizipien, Infinitive) - sofern vorhanden - benannt.

Der Vers Ex 3,1: וּמֹשֶׁה הָיָה רֹעֶה אֶת־צֹאן יִתְרוֹ חֹתְנוֹ hat die syntaktische Struktur: x-AK+2xPart., wobei וּמֹשֶׁה das nonverbale Element („x") markiert. Auch Gen 1,1a hat die Struktur x-AK, Gen 1,3a die Struktur Pkו-x, V.3c ebenfalls und V.3b PKKF-x (Gen 1,3: וַיֹּאמֶר אֱלֹהִים יְהִי אוֹר וַיְהִי־אוֹר).

Dabei steht in erzählenden Texten **PKו** ***immer*** **an erster Satzposition**, die **AK hingegen** ***nie***. Also lauten die Strukturen hier **PKו-x** und **x-AK**. Diese beiden Strukturen bezeichnet man als *Inversionspaar*, sie bilden die ***Primärstruktur***. Unter diesem Begriff versteht die Sprachwissenschaft das Erzählgerüst, den „objektiven" Rahmen einer erzählten Handlung, die vom Erzähler abgebildete Wirklichkeit - den **Narrativ**.

Von Pkו, dem Narrativ, der in der lateinisch orientierten Grammatik auch *Imperfectum consecutivum* genannt wird, ist das kopulative *waw* zu unterscheiden, das lediglich als enklitische Verbindung zum nächsten Wort dient: PK+ו. Diese Ausprägung gehört zur ***Sekundärstruktur***, die anders als der Narrativ vom persönlichen Erleben geprägt ist, die eigene Bewertung einfließen lässt, modale, kausale und andere Aspekte betont. Man findet sie in der Poesie, in Liedern und - in Erzählzusammenhängen - in der direkten Rede. Im oben genannten Beispiel von Gen 1,3 ist die mittlere SE (V.3b) Sekundärstruktur („Es werde Licht").

הֲשִׁיבֵנוּ יְהוָה אֵלֶיךָ וְנָשׁוּבָה Dieses Beispiel in der Sekundärstruktur aus den Klageliedern (5,21: *„Umkehren mache du uns, Herr, zu dir, und wir wollen umkehren"*) zeigt deutlich die verbindende Funktion des וְ in וְנָשׁוּבָה; es kann im Deutschen verschieden wiedergegeben werden: *„damit wir umkehren können"*; *„dass wir umkehren"* o.ä. Es hat aber *keinerlei grammatikalische Funktion*; ausschlaggebend ist hier allein der der PK anhaftende Sinn (hier Kohortativ).

Das *waw*-copulativum hat verschiedene **Lautformen** in verschiedenen Situationen:

- וְ als Normalfall vor einem Konsonanten mit eigenem Vokal
  וְנָשׁוּבָה *w^e^naschuwa wir wollen umkehren*

- וּ vor einem Konsonanten mit Schwa: ְ

→ וּשְׁאַבְתֶּם־מַיִם *usch<sup>e)</sup>awtäm majim ihr werdet Wasser schöpfen*

וּ auch vor einem Labial (מ ב פ)

→ וּפָקַדְתִּי *ufakadti ich werde heimsuchen*

- וִ vor einem י mit *schwa* יְ

יְהוּדָה + וְ → וִיהוּדָה *wihudā: und Juda*

- Darüber hinaus gleicht es sich seinem Kontext lautlich an, übernimmt den Laut der folgenden Silbe bei einem Schwa compositum (וֶאֱמֶת *wä'ämät*) oder lässt ihn elidieren: וֵאלֹהִים (אֱלֹהִים + וְ) und verbindet Dinge, die zusammengehören, mit einem langen *a*:

Gen 8, 22:

עֹד כָּל־יְמֵי הָאָרֶץ זֶרַע וְקָצִיר וְקֹר וָחֹם וְקַיִץ
וָחֹרֶף וְיוֹם וָלַיְלָה לֹא יִשְׁבֹּתוּ׃

Auch die AK kann eine Konsekutivform bilden: AKו. Diese steht *immer* an erster Satzposition, ebenso PK+ו; die PK allein kann auch an späterer Satzposition erscheinen. Diese Phänomene gehören alle in die *Sekundärstruktur*, so dass sich hier folgende Möglichkeiten der Syntax ergeben: AKו-x, x-PK, PK-x, PK+ו-x.

Die semantische Bedeutung dieser syntaktischen Phänomene findet man in der folgenden Übersicht thematisiert.

## 2. Die Syntax des Verbums
## 2.1 Primärstruktur (Narrativ): erzählte Wirklichkeit

Die Primärstruktur beschreibt *komplexive*, d.h. einen Sachverhalt im Ganzen betrachtende, objektive bzw. verobjektivierende Aspekte (Außenansicht).

<table>
<tr><th>PKו-x</th><th colspan="2">x-AK</th></tr>
<tr><td>Bezeichnet ein Ereignis auf der Zeitlinie</td><td colspan="2">Gibt bisweilen zusätzliche Informationen über die Ereignisse</td></tr>
<tr><td>Wird in der Regel mit dem Präteritum wiedergegeben (narrativer Charakter)</td><td>Vorzeitigkeit (im Deutschen: Perfektformen)</td><td>konstatierend (mit Abschlusssignal)</td></tr>
<tr><td>Gen 8,18:<br>וַיֵּצֵא־נֹחַ וּבָנָיו וְאִשְׁתּוֹ<br>וּנְשֵׁי־בָנָיו אִתּוֹ<br>Und Noah ging hinaus, und seine Söhne und seine Frau und die Frauen seiner Söhne (gingen) mit ihm.</td><td colspan="2">Gen 8,14:<br>וּבַחֹדֶשׁ הַשֵּׁנִי בְּשִׁבְעָה<br>וְעֶשְׂרִים יוֹם לַחֹדֶשׁ יָבְשָׁה<br>הָאָרֶץ<br>Und im folgenden Monat, am siebenundzwanzigsten Tag des Monats, wurde die Erde trocken (war die Erde trocken geworden).</td></tr>
</table>

Die Inversion von der erzählenden Struktur Pkו-x zu x-AK kann durch eine Partikel (z.B. die Negation לֹא) erzwungen sein. Man spricht dann von einer *obligatorischen Inversion*. Wenn der Autor mit der AK eine besondere Betonung erreichen will (wie im obigen Beispiel), handelt es sich um eine *freie Inversion*. Mit dieser Struktur ist die reine Assertion (Aussagesatz, Deklarativmodus) verlassen: Der Emittent will sein Gegenüber, den Rezipienten, auf den Wahrheitsgehalt der von ihm geäußerten Proposition (Redeinhalt) verpflichten. So ist zum Beispiel der zweite Satz von Gen 22,1, der berühmten Geschichte von der Bindung Isaaks, kein wirklicher Narrativ: וְהָאֱלֹהִים נִסָּה אֶת־אַבְרָהָם „*Und Gott stellte den Abraham auf die Probe*". rhemleiV kommt hier ein pragmatisches Element zum Tragen, mit dessen Hilfe der Verfasser den Leser, die Leserin auf einen bestimmten Deutehorizont festlegen, ihm oder ihr eine bestimmte Sichtweise zueignen möchte. Im Deutschen geben wir die ersten drei Sätze der Erzählung gleichermaßen mit dem Präteritum wieder; in unserer Sprache können wir die hier zu beobachtende Differenzierung auf grammatikalischer bzw. syntaktischer Ebene nicht nachvollziehen; hier liegt die Gefahr begründet, dass wir Illukationsindikatoren nicht angemessen rezipieren.

Die AK nimmt in der *Primärstruktur* **nie** die erste Satzposition ein; es gibt immer ein nonverbales Element an erster Stelle („x").

In besonderen Fällen, meist wenn ein besonderer Erregungszustand ausgedrückt werden soll, kann eine emphatische Partikel (z.B. *ki* oder *hinnē*) an erster Satzposition fehlen: Das nonverbale Element ist erspart („AK-x" oder „x-AK *mit Ersparung*). Dieses Phänomen begegnet fast ausschließlich in der *Sekundärstruktur*.

Vgl. Jes 38,5: כֹּה־אָמַר יְהוָה אֱלֹהֵי דָּוִד אָבִיךָ

שָׁמַעְתִּי אֶת־תְּפִלָּתֶךָ רָאִיתִי אֶת־דִּמְעָתֶךָ

*So spricht der Herr, der Gott Davids, deines Vaters: Ich habe dein Flehen gehört, ich habe deine Tränen gesehen.*

## 2.2 Sekundärstruktur: erlebte Wirklichkeit

Die Sekundärstruktur beschreibt *(dis)kursive*, aus einer subjektiven Perspektive erzählte individuelle Aspekte (Innenansicht).

| **AKו-x** | **x-PKLF**<br>**PKLF-x** |
|---|---|
| Bezeichnet die sichere Zukunft | Bezeichnet die ersichtliche, mögliche und ausgeschlossene Zukunft |
| 2.Sam 7,13b:<br>וְכֹנַנְתִּי אֶת־כִּסֵּא מַמְלַכְתּוֹ עַד־עוֹלָם<br>*...und ich werde (ganz bestimmt) seinen Königsthron bis in Ewigkeit befestigen* | 2.Sam 7,13a:<br>הוּא יִבְנֶה־בַּיִת לִשְׁמִי<br>*Er, er wird (darf, kann, soll) meinem Namen ein Haus bauen* |

| | |
|---|---|
| | 2.Sam 7,15a:<br>וְחַסְדִּי לֹא־יָסוּר מִמֶּנּוּ<br>*... und meine Gnade wird (mitSiherheit) nicht von ihm weichen.* |

Außerdem gehören zur Sekundärstruktur folgende Phänomene:

- PKLF mit *modalen Aspekten*, zur Einleitung von *Konditional-* und *Konzessivsätzen* u.v.a., meist mit entsprechenden Partikeln eingeleitet:
-

Ps 137,6: תִּדְבַּק־לְשׁוֹנִי לְחִכִּי אִם־לֹא אֶזְכְּרֵכִי

*Meine Zunge soll mir am Gaumen festkleben, wenn ich deiner nicht gedenke (Zion).*

- Akו kann diese Aspekte weiterführen:
-

2.Kön 7,4: אִם־יְחַיֻּנוּ נִחְיֶה וְאִם־יְמִיתֻנוּ וָמָתְנוּ

*Wenn sie uns leben lassen, werden wir leben* (x-PK),

*wenn sie uns töten, dann sterben wir* (AKו-x).

- In der PKLF können *iterative* oder *durative* Sachverhalte zum Ausdruck gelangen (ohne dass diese Aspekte der Form selber anhafteten):
-

Ps 121,4: הִנֵּה לֹא־יָנוּם וְלֹא יִישָׁן שׁוֹמֵר יִשְׂרָאֵל

*Siehe, nicht schläft er und nicht schlummert er, der Hüter Israels.*

- PKKF-x/x-PKKF bildet den Jussiv:

Jes 43,1: אַל־תִּירָא כִּי גְאַלְתִּיךָ

*Fürchte dich nicht, ja ich habe dich erlöst.*

- Sätze, die über die reine Wirklichkeitsbeschreibung hinausgehen und Dinge und Sachverhalte in konditionale, kausale, modale und andere Beziehungen setzen, werden im Hebräischen durch die **Partikeln** und die Satzstellung ausgedrückt, während im Deutschen oftmals die Modifikation des finiten Verbums vonnöten ist.

Jes 5,4: מַה־לַּעֲשׂוֹת עוֹד לְכַרְמִי וְלֹא עָשִׂיתִי בּוֹ

*„Was soll ich noch mit meinem Weinberg machen, das ich nicht schon getan hätte?"*

Luther: *„Was sollte man noch mehr tun an meinem Weinberg, das ich nicht getan habe an ihm?"*

- *Schwursätze* sind im Hebräischen elliptische Sätze; sie sind nach der einleitenden Formel (zumeist חַי יהוה: *„So wahr der Herr lebt"*) in x-PKLF mit der Partikel אִם realisiert.

חַיֶּךָ וְחֵי נַפְשֶׁךָ אִם־אֶעֱשֶׂה אֶת־הַדָּבָר הַזֶּה

2.Sam 11,11: *„Bei deinem Leben und beim Leben deiner Seele (schwöre ich): Wenn ich diese Sache mache [machte/machen würde] (dann soll [sollte] mir dies und jenes passieren)".*

Die Partikel אִם fungiert hier faktisch als Negation: *„Bei deinem Leben und beim Leben deiner Seele: Diese Sache mache ich* ***nicht****."*

## 3. Nominalsätze

Nominalsätze werfen ein Schlaglicht auf die zeitliche Ebene, die die kontextuelle Satzstruktur vorgibt; sie frieren gewissermaßen die Zeit, die die Situation ausweist, ein.

Es lassen sich unterscheiden:

| | |
|---|---|
| **NoS** | Im Deutschen besteht ein Satz in der Regel aus Subjekt – Prädikat - Objekt. Im Hebräischen ist das Prädikat nicht immer notwendig; die Übertragung ins Deutsche erfolgt dann mit Hilfe eines Hilfsverbs („sein”).<br><br>Gen 6,9: אֵלֶּה תּוֹלְדֹת נֹחַ<br>*Dies **ist** die Geschichte Noah*s |
| **NoSpt** | Das Partizip ist hier das sinntragende Element (Prädikativum). Es wird als finites Verb ins Deutsche übertragen.<br><br>Jes 7,14: הָעַלְמָה הָרָה וְיֹלֶדֶת בֵּן<br>*Die junge Frau ist schwanger (NoS), und sie **wird** einen Sohn **gebären*** (NoSpt). |
| **NoS+Pt** | Das Partizip ist hier Apposition, hat attributiven Charakter und ist *nicht* Prädikat. Es wird als *Relativsatz* oder als *Apposition* ins Deutsche übertragen.<br><br>Ex 20,5:<br>כִּי אָנֹכִי יהוה אֱלֹהֶיךָ אֵל קַנָּא פֹּקֵד עֲוֹן אָבֹת<br>*Ja, ich bin JHWH, dein Gott, ein eifernder Gott, **der** die Sünden der Väter **heimsucht**.* |

| | |
|---|---|
| **NP** | Bei der Übertragung einer **Nominalphrase** ins Deutsche müssen *Grundgröße* und *Prädikat* ergänzt werden.<br><br>Ex 20,10: וְגֵרְךָ אֲשֶׁר בִּשְׁעָרֶיךָ<br>*...und dein Fremdling, **der** innerhalb deiner Tore **wohnt*** |

## 4. Die Syntax des Nomens

### 4.1 Präpositionale Beziehungen

Im Deutschen werden Satzbeziehungen im wesentlichen durch Präpositionen und durch Kasus ausgedrückt. Im Hebräischen gibt es keine Kasus (obwohl dieses Phänomen in semitischen Sprachen durchaus bekannt ist), Beziehungen zwischen den einzelnen Wörtern entstehen durch ihre **Stellung** im Satz, durch **Betonung** und durch **Präpositionen**.

Da es keine Kasus gibt, werden oftmals auch die Bezeichnungen „Subjekt" und „Objekt" vermieden; man spricht statt dessen von „Grund-" und „Zielgröße". In vielen Grammatiken findet man dennoch diese Begriffe; hier zeigt sich der Wunsch, die hebräische Sprachwelt mit einer bekannten und vertrauten Terminologie zu beschreiben. Man muss sich aber darüber im klaren sein, dass die Bezeichnungen nicht deckungsgleich mit unserem System sind; vor allem der Begriff „Objekt" sollte außerhalb eines Kasus-Systems verstanden werden.

Auf das ***Ziel einer Handlung*** oder eines Geschehens verweist die Partikel אֶת־. Man kann sie deshalb als Präposition des direkten Objekts betrachten („Objektmarker“). In der lateinischen Grammatik leistet dies der Kasus ***Akkusativ***; deshalb wird die Partikel oftmals auch *nota akkusativi* genannt, obgleich sie weder einen „Fall” darstellt noch auf ihn deutet. Als freistehende Form findet sich אֵת, in Maqqef-Verbindung אֶת־. Die Partikel selbst ist völlig „bedeutungslos”, sie hat keinen semantischen Gehalt, sondern verweist als Zeichen lediglich darauf, dass nun eine determinierte Zielgröße – das direkte Objekt – folgt:

Gen 1,1: בְּרֵאשִׁית בָּרָא אֱלֹהִים אֵת הַשָּׁמַיִם וְאֵת הָאָרֶץ

*Am Anfang schuf Gott **den** Himmel und **die** Erde*

Gen 4,1: וְהָאָדָם יָדַע אֶת־חַוָּה אִשְׁתּוֹ

*Da erkannte der Mensch **(die)** Eva, seine Frau*

Die Verwendung der Partikel ist nicht obligatorisch; in vielen Fällen ist sie erspart, obgleich eine determinierte Zielgröße folgt: הַלְלוּ־יָהּ: *lobet **den** Herrn*

- An die Partikel kann sich auch ein ePP anlehnen: וַיַּרְא אֹתָהּ: *da sah er sie*

- Die Partikel אֵת verweist niemals auf eine indeterminierte Zielgröße.

Die Partikel לְ ruft eine Beziehung zwischen zwei Lexemen ins Leben („in bezug auf", „für"). Im Deutschen leistet dies oftmals, aber keineswegs ausschließlich der ***Dativ***; bisweilen bedarf es in unserer Sprache anderer Kasus bzw. Partikeln, um das לְ angemessen wiederzugeben:

Gen 4,5: וַיִּחַר לְקַיִן מְאֹד

*Da entbrannte es **dem** Kain sehr (Da wurde Kain sehr zornig)*

Gen 1,5: וַיִּקְרָא אֱלֹהִים לָאוֹר יוֹם וְלַחֹשֶׁךְ קָרָא לָיְלָה

*Und Gott nannte **das** Licht Tag, und **die** Dunkelheit nannte er Nacht (Und Gott rief zu **dem** Licht ...)*

Ps 101,1: לְדָוִד מִזְמוֹר חֶסֶד־וּמִשְׁפָּט אָשִׁירָה לְךָ יְהוָה

***Ein Psalm Davids** (Ein Psalm **in bezug auf** David, ein Psalm **von** David). Von Liebe und Recht will ich **dir/für dich** singen, Herr.*

## 4.2 Die Constructus-absolutus-Verbindung

Um engste Zusammengehörigkeit auszudrücken, bedient sich die deutsche Sprache zusammengesetzter Substantive, präpositionaler Verbindungen oder des Kasus ***Genitiv***:

Je nach Aussageabsicht wird man sich der einen oder anderen Ausdrucksform bedienen; manchmal hat sich auch eine bestimmte Form mit einem semantischen Gehalt in der Sprachwirklichkeit durchgesetzt, wie obiges Beispiel zeigt: Lediglich die zusammengesetzte Form ist gebräuchlich.

Das Hebräische lässt ein anderes sprachliches Mittel zum Einsatz kommen, um diese Zusammengehörigkeit zum Ausdruck zu bringen: Die ***Intonation***.

In der Satzmelodik des Ausdrucks דְּבַר־יְהוָה läuft alles auf das letzte Wort zu (den Gottesnamen), das voranstehende Wort wird abgeschwächt, trägt keinen Ton („Sache, Wort"): Der gesamte Ausdruck wird auf das *letzte, absolut stehende* Wort hin *konstruiert*. Im Hebräischen heißt deshalb das letzte Wort einer solchen Verbindung ***status absolutus***, und die übrigen Wörter, die sich darauf beziehen, nennt man ***status constructus***:

דְּבַר־יְהוָה

St.a. | St.c.

An diesem Beispiel sieht man deutlich, wie das Wort דְּבַר, das in seiner Grundform mit zwei langen ā gebildet wird, seinen Ton abgibt an das letzte Wort der Verbindung; aus דָּבָר wird דְּבַר־יְהוָה. Der Gottesname ist St.a.; auf seiner letzten Silbe liegt der gesamte Ton der Verbindung.

In einer Constructus-absolutus-Verbindung richtet sich die Determination nach dem letzten, absolut stehenden Wort; ist dieses determiniert, so ist es auch der gesamte Ausdruck. Neben Eigennamen determinieren auch Artikel und ePP am Absolutus die Verbindung.

Durch den Gottesnamen ist die Verbindung determiniert: *Das Wort des Herrn.* Wenn die Verbindung der beiden Wörter offener gestaltet werden soll, so kann dies im Hebräischen auch mit einer präpositionalen Verbindung ausgedrückt werden (mit לְ); dabei wird dann die Constructus-absolutus-Verbindung aufgelöst: מִזְמוֹר לְדָוִד Diese Überschrift, die sich in vielen Psalmen findet, lässt ausdrücklich offen, dass es noch viele weitere Psalmen gibt, die David zugeschrieben werden (*ein Psalm in bezug auf David, ein Psalm Davids*) – aber es gibt eben nur das eine Wort Gottes דְּבַר־יְהוָה.

Im Hebräischen kann jedes Adjektiv als St.c. erscheinen: כְּבַד כֶּסֶף, *„schwer an Silber“;* oftmals kann man nicht unterscheiden, ob ein Nomen gleichgeordnet als St.a. in Apposition steht oder ob eine Constructus-absolutus-Verbindung vorliegt: אִישׁ גָּדוֹל, *„ein Mann von Größe“*, *„ein Mann, nämlich ein großer“.* Aber diese Unterscheidungen sind oft theoretischer Natur - es läuft auf dasselbe hinaus: Im Deutschen würden wir beides wiedergeben mit *„ein großer Mann“.*

Weitere Beispiele mit Verdeutschungsmöglichkeiten:

| | |
|---|---|
| כָּל־עֲדַת בְּנֵי־יִשְׂרָאֵל | *die ganze Gemeinde der Kinder Israels* |
| דַּעַת אֱלֹהִים | *Erkenntnis Gottes, Gotteserkenntnis; Wissen um Gott* |
| חֶסֶד יהוה | *die Huld des Herrn* |
| קוֹל הָעָם | *die Stimme des Volkes, Volksstimme* |
| מֶלֶךְ הַכָּבוֹד | *der König der Ehre* |
| גִּבּוֹר מִלְחָמָה | *ein Kriegsheld, ein Held im Kriege* |
| עֹשֵׂה שָׁמַיִם וָאָרֶץ | *der Himmel und Erde gemacht hat* |
| בִּשְׁנַת־מוֹת הַמֶּלֶךְ עֻזִּיָּהוּ | *im Todesjahr des Königs Usija* |

Die beiden letzten Beispiele verdeutlichen zugleich, dass der Absolutus auch aus mehreren Wörtern bestehen kann; diese gelten als syntaktischer Verbund, als eine Einheit. Im ersten Fall sind „Himmel“ und „Erde“ durch die Kunjunktion וְ gleichgeordnet, im zweiten ist „Usija“ Apposition zu „König“.

## 4.3 Steigerung und Vergleich

Im Hebräischen gibt es keine grammatischen Formen für den **Komparativ** und den **Superlativ**. Dennoch ist es natürlich möglich, Dinge in ihrem Verhältnis zu anderen zu beschreiben. Dabei tritt der/die Redende „geistig" einen Schritt zurück und überblickt den Sachverhalt:

Ex 18,11: עַתָּה יָדַעְתִּי כִּי־גָדוֹל יְהוָה מִכָּל־הָאֱלֹהִים

*Ja, jetzt weiß ich, dass der Herr groß ist,* ***weg von allen*** *Göttern.*
*Ja, jetzt weiß ich, dass der Herr größer ist alle Götter.*

Soll ein Sachverhalt absolut gesehen werden, so entfällt der Vergleichspunkt:

דָּוִד גָּדוֹל בְּיִשְׂרָאֵל

*David ist groß in Israel.*
*David ist* ***der Größte****.*

# 5. Die Determination

Nomen und c.a.-Verbindungen werden im Hebräischen auf dreierlei Weise determiniert: durch den ***Artikel***, durch einen ***Eigennamen*** (n.pr., nomen proprium) und durch ein ***ePP***.

מֶלֶךְ: *(ein) König*, הַמֶּלֶךְ: ***der** König*

סֵפֶר הַמֶּלֶךְ: ***das** Buch **des** Königs*

desgleichen: סֵפֶר דָּוִד: ***das** Buch Davids*, סִפְרוֹ: *sein Buch* (***das** Buch von ihm*); דִּבְרֵי סִפְרוֹ: ***die** Worte seines Buches*

Ex 3,1: וּמֹשֶׁה הָיָה רֹעֶה אֶת־צֹאן יִתְרוֹ חֹתְנוֹ כֹּהֵן מִדְיָן

*Und Mose war (**ein**) Hirte* (indet.) ***des** Kleinviehs Jitros, seines Schwiegervaters* (det.), ***des** Priesters von Midian.*

- Das Adjektiv in attributiver Stellung nimmt den Artikel des Bezugswortes auf: הַמֶּלֶךְ הַגָּדֹל *der große König;* das Prädikatsnomen im NoS hingegen nicht: הַמֶּלֶךְ גָּדֹל *der König ist groß.*

Der **Artikel** im Hebräischen besteht aus **drei Elementen**: dem Präfix *he*, einem *pataḥ* unter dem *he* und einem Dagesch im nächsten Konsonanten: הַבַּיִת, *das Haus*

Kann der nächste Konsonant nicht verdoppelt werden, so findet *Ersatzdehnung* statt: הָאָרֶץ, *die Erde*; הֶהָרִים, *die Berge*

In Verbindung mit einer Partikel findet eine *Synkope* des Artikels statt; statt etwa בְּהַ liest man בַּ, ebenfalls mit Dagesch im nächsten Buchstaben בַּדֶּרֶךְ, *auf dem Weg.* Entsprechend gelten die Regeln, wenn ein Konsonant nicht verdoppelt werden kann: בָּאָרֶץ, *auf der Erde*

## 6. Die Apposition

Im Hebräischen sind ***Appositionen*** wesentlich häufiger anzutreffen als im Deutschen; sie dienen der Spezifizierung von Bedeutungsträgern im Satz.

So stehen Adjektive (sofern sie nicht als Constructus-absolutus-Verbindung realisiert werden) in Apposition zu dem Wort, auf das sie sich beziehen:

אִישׁ גָּדוֹל

**Constructus-absolutus-Verbindung:** *ein Mann von Größe = ein großer Mann*

**Apposition**: *ein Mann, ein großer = ein großer Mann*

**NoS:** הָאִישׁ גָּדוֹל: *der Mann ist* ***groß***

aber: הָאִישׁ הַגָּדוֹל **Apposition**: ***der*** *große Mann*

**Nos:** (הָ)אִשָּׁה בָּאָה: (die) *eine Frau kommt*

aber: הָאִשָּׁה הַבָּאָה **Apposition** (attributiv, im Deutschen Relativsatz): *die Frau, die gekommen ist*

Jes 9,1: הָעָם הַהֹלְכִים בַּחֹשֶׁךְ רָאוּ אוֹר גָּדוֹל
יֹשְׁבֵי בְּאֶרֶץ צַלְמָוֶת אוֹר נָגַהּ עֲלֵיהֶם׃

*„Das Volk, das im Finstern wandelt, sieht ein großes Licht, und über denen, die da wohnen im finstern Lande, scheint es hell".* Luther

הַהֹלְכִים ist Apposition zu הָעָם, obwohl eine „Inkongruenz" im Numerus vorliegt. Insgesamt ist der Vers ein *„zusammengesetzter Nominalsatz"* oder *„Casus pendens"*: Der Grundgröße (in 1a die Apposition, in 1b die Partizipialphrase יֹשְׁבֵי בְּאֶרֶץ צַלְמָוֶת) folgt jeweils ein eigenständiger Verbalsatz in x-AK (*„Das Volk - Wandelnde in der Dunkelheit -: Sie sehen ein großes Licht. Einwohner eines finsteren Landes: Auf sie scheint ein Licht"*.). Syntaktisch gesehen, ist die Struktur x-AK das ausschlaggebende Muster.

# F. *Paradigmen*

**1.**Das starke Verbum

**1.1** Die Binjanim des starken Verbums

| | | Kal | Nifal | Hifil | Hofal | Piel | Pual | Hitpael |
|---|---|---|---|---|---|---|---|---|
| AK Sg. | 3.m. | כָּתַב | נִכְתַּב | הִכְתִּיב | הָכְתַּב | כִּתֵּב | כֻּתַּב | הִתְכַּתֵּב |
| | 3.f. | כָּתְבָה | נִכְתְּבָה | הִכְתִּיבָה | הָכְתְּבָה | כִּתְּבָה | כֻּתְּבָה | הִתְכַּתְּבָה |
| | 2.m. | כָּתַבְתָּ | נִכְתַּבְתָּ | הִכְתַּבְתָּ | הָכְתַּבְתָּ | כִּתַּבְתָּ | כֻּתַּבְתָּ | הִתְכַּתַּבְתָּ |
| | 2.f. | כָּתַבְתְּ | נִכְתַּבְתְּ | הִכְתַּבְתְּ | הָכְתַּבְתְּ | כִּתַּבְתְּ | כֻּתַּבְתְּ | הִתְכַּתַּבְתְּ |
| | 1.c. | כָּתַבְתִּי | נִכְתַּבְתִּי | הִכְתַּבְתִּי | הָכְתַּבְתִּי | כִּתַּבְתִּי | כֻּתַּבְתִּי | הִתְכַּתַּבְתִּי |
| AK Pl. | 3.c. | כָּתְבוּ | נִכְתְּבוּ | הִכְתִּיבוּ | הָכְתְּבוּ | כִּתְּבוּ | כֻּתְּבוּ | הִתְכַּתְּבוּ |
| | 2.m./c. | כְּתַבְתֶּם | נִכְתַּבְתֶּם | הִכְתַּבְתֶּם | הָכְתַּבְתֶּם | כִּתַּבְתֶּם | כֻּתַּבְתֶּם | הִתְכַּתַּבְתֶּם |
| | 2.f. | כְּתַבְתֶּן | נִכְתַּבְתֶּן | הִכְתַּבְתֶּן | הָכְתַּבְתֶּן | כִּתַּבְתֶּן | כֻּתַּבְתֶּן | הִתְכַּתַּבְתֶּן |
| | 1.c. | כָּתַבְנוּ | נִכְתַּבְנוּ | הִכְתַּבְנוּ | הָכְתַּבְנוּ | כִּתַּבְנוּ | כֻּתַּבְנוּ | הִתְכַּתַּבְנוּ |

| | | Kal | Nifal | Hifil | Hofal | Piel | Pual | Hitpael |
|---|---|---|---|---|---|---|---|---|
| **PK** Sg. | 3.m. | יִכְתֹּב | יִכָּתֵב | יַכְתִּיב | יָכְתַּב | יְכַתֵּב | יְכֻתַּב | יִתְכַּתֵּב |
| | 3.f. | תִּכְתֹּב | תִּכָּתֵב | תַּכְתִּיב | תָּכְתַּב | תְּכַתֵּב | תְּכֻתַּב | תִּתְכַּתֵּב |
| | 2.m. | תִּכְתֹּב | תִּכָּתֵב | תַּכְתִּיב | תָּכְתַּב | תְּכַתֵּב | תְּכֻתַּב | תִּתְכַּתֵּב |
| | 2.f. | תִּכְתְּבִי | תִּכָּתְבִי | תַּכְתִּיבִי | תָּכְתְּבִי | תְּכַתְּבִי | תְּכֻתְּבִי | תִּתְכַּתְּבִי |
| | 1.c. | אֶכְתֹּב | אֶכָּתֵב | אַכְתִּיב | אָכְתַּב | אֲכַתֵּב | אֲכֻתַּב | אֶתְכַּתֵּב |
| **PK** Pl. | 3.m. | יִכְתְּבוּ | יִכָּתְבוּ | יַכְתִּיבוּ | יָכְתְּבוּ | יְכַתְּבוּ | יְכֻתְּבוּ | יִתְכַּתְּבוּ |
| | 3.f. | תִּכְתֹּבְנָה | תִּכָּתַבְנָה | תַּכְתֵּבְנָה | תָּכְתַּבְנָה | תְּכַתֵּבְנָה | תְּכֻתַּבְנָה | תִּתְכַּתֵּבְנָה |
| | 2.c. | תִּכְתְּבוּ | תִּכָּתְבוּ | תַּכְתִּיבוּ | תָּכְתְּבוּ | תְּכַתְּבוּ | תְּכֻתְּבוּ | תִּתְכַּתְּבוּ |
| | 2.f. | תִּכְתֹּבְנָה | תִּכָּתַבְנָה | תַּכְתֵּבְנָה | תָּכְתַּבְנָה | תְּכַתֵּבְנָה | תְּכֻתַּבְנָה | תִּתְכַּתֵּבְנָה |
| | 1.c. | נִכְתֹּב | נִכָּתֵב | נַכְתִּיב | נָכְתַּב | נְכַתֵּב | נְכֻתַּב | נִתְכַּתֵּב |
| **PKו** | 3.Sg.m. | וַיִּכְתֹּב | וַיִּכָּתֵב | וַיַּכְתֵּב | וַיָּכְתַּב | וַיְכַתֵּב | וַיְכֻתַּב | וַיִּתְכַּתֵּב |

| | | Kal | Nifal | Hifil | Hofal | Piel | Pual | Hitpael |
|---|---|---|---|---|---|---|---|---|
| **Imp.**Sg. | m. | כְּתֹב | הִכָּתֵב | הַכְתֵּב | | כַּתֵּב | | הִתְכַּתֵּב |
| | f. | כִּתְבִי | הִכָּתְבִי | הַכְתִּיבִי | | כַּתְּבִי | | הִתְכַּתְּבִי |
| **Imp.**Pl. | m. | כִּתְבוּ | הִכָּתְבוּ | הַכְתִּיבוּ | | כַּתְּבוּ | | הִתְכַּתְּבוּ |
| | f. | כְּתֹבְנָה | הִכָּתַבְנָה | הַכְתֵּבְנָה | | כַּתֵּבְנָה | | הִתְכַּתֵּבְנָה |

| | | | | | | | | |
|---|---|---|---|---|---|---|---|---|
| **Inf.** | cstr. | כְּתֹב | הִכָּתֵב | הַכְתִּיב | | כַּתֵּב | | הִתְכַּתֵּב |
| | abs. | כָּתוֹב | הִכָּתֵב | הַכְתֵּב | הָכְתֵּב | כַּתֵּב | כֻּתֹּב | הִתְכַּתֵּב |

| | | | | | | | | |
|---|---|---|---|---|---|---|---|---|
| **Part.** akt. | m. | כֹּתֵב | | מַכְתִּיב | | מְכַתֵּב | | |
| | f. | כֹּתֶבֶת | | מַכְתִּיבָה | | מְכַתֶּבֶת | | |
| pass. | m. | כָּתוּב | נִכְתָּב | | מָכְתָּב | | מְכֻתָּב | מִתְכַּתֵּב |

## 1.2 Das starke Verbum mit Gutturalen im Grundstamm

| | | עמד q. I. Gutt, stehen | אסף q. I.Gutt, sammeln | שׁאל q. II. Gutt., fragen | שׁלח q. III. Gutt., schicken |
|---|---|---|---|---|---|
| | 3.m. | עָמַד | אָסַף | שָׁאַל | שָׁלַח |
| | 3.f. | עָמְדָה | אָסְפָה | שָׁאֲלָה | שָׁלְחָה |
| **AK** Sg. | 2.m. | עָמַדְתָּ | אָסַפְתָּ | שָׁאַלְתָּ | שָׁלַחְתָּ |
| | 2.f. | עָמַדְתְּ | אָסַפְתְּ | שָׁאַלְתְּ | שָׁלַחַתְּ |
| | 1.c. | עָמַדְתִּי | אָסַפְתִּי | שָׁאַלְתִּי | שָׁלַחְתִּי |
| | 3.c. | עָמְדוּ | אָסְפוּ | שָׁאֲלוּ | שָׁלְחוּ |
| **AK** Pl. | 2.m./c. | עֲמַדְתֶּם | אֲסַפְתֶּם | שְׁאַלְתֶּם | שְׁלַחְתֶּם |
| | 2.f. | עֲמַדְתֶּן | אֲסַפְתֶּן | שְׁאַלְתֶּן | שְׁלַחְתֶּן |
| | 1.c. | עָמַדְנוּ | אָסַפְנוּ | שָׁאַלְנוּ | שָׁלַחְנוּ |
| | 3.m. | יַעֲמֹד | יֶאֱסֹף | יִשְׁאַל | יִשְׁלַח |
| | 3.f. | תַּעֲמֹד | תֶּאֱסֹף | תִּשְׁאַל | תִּשְׁלַח |
| **PK** Sg. | 2.m. | תַּעֲמֹד | תֶּאֱסֹף | תִּשְׁאַל | תִּשְׁלַח |
| | 2.f. | תַּעַמְדִי | תַּאַסְפִי | תִּשְׁאֲלִי | תִּשְׁלְחִי |
| | 1.c. | אֶעֱמֹד | אֶאֱסֹף | אֶשְׁאַל | אֶשְׁלַח |
| | 3.m. | יַעַמְדוּ | יַאַסְפוּ | יִשְׁאֲלוּ | יִשְׁלְחוּ |
| | 3.f. | תַּעֲמֹדְנָה | תֶּאֱסֹפְנָה | תִּשְׁאַלְנָה | תִּשְׁלַחְנָה |
| **PK** Pl. | 2.c. | תַּעַמְדוּ | תַּאַסְפוּ | תִּשְׁאֲלוּ | תִּשְׁלְחוּ |
| | 2.f. | תַּעֲמֹדְנָה | תֶּאֱסֹפְנָה | תִּשְׁאַלְנָה | תִּשְׁלַחְנָה |
| | 1.c. | נַעֲמֹד | נֶאֱסֹף | נִשְׁאַל | נִשְׁלַח |
| **PKו** | | וַיַּעֲמֹד | וַיֶּאֱסֹף | וַיִּשְׁאַל | וַיִּשְׁלַח |

| | | עמד q. I. Gutt, stehen | אסף q. I.Gutt, sammeln | שׁאל q. II. Gutt., fragen | שׁלח q. III. Gutt., schicken |
|---|---|---|---|---|---|
| **Imp.** | Sg. m. | עֲמֹד | אֱסֹף | שְׁאַל | שְׁלַח |
| | Sg. f. | עִמְדִי | | שַׁאֲלִי | |
| | Pl. m./c. | עִמְדוּ | | שַׁאֲלוּ | שִׁלְחוּ |
| | Pl. f. | | | | |
| **Inf.c.** | | עֲמֹד | אֱסֹף | שְׁאֹל | שְׁלֹחַ |
| **Inf.a.** | | עָמוֹד | אָסוֹף | שָׁאוֹל | שָׁלוֹחַ |
| **Part.** | Sg. m. | עֹמֵד | אֹסֵף | שֹׁאֵל | שֹׁלֵחַ |
| | Pl. m./c. | עֹמְדִים | | הַשֹׁאֲלִים | שֹׁלְחִים |
| | Sg. f. | עֹמֶדֶת | | שֹׁאֶלֶת | |
| | Pl. f. | עוֹמְדוֹת | | | |

## 1.3 Das starke Verbum mit Gutturalen: Stammesmodifikationen

| | | ברך pi<br>segnen | ברך hitp<br>gesegnet sein | שׁלח hitp<br>geschickt w. | שׁאר nif<br>übrig bleiben |
|---|---|---|---|---|---|
| **AK** Sg. | 3.m. | בֵּרַךְ | הִתְבָּרֵךְ | הִשְׁתַּלַּח | נִשְׁאַר |
| | 3.f. | בֵּרְכָה | הִתְבָּרְכָה | הִשְׁתַּלְּחָה | נִשְׁאֲרָה |
| | 2.m. | בֵּרַכְתָּ | הִתְבָּרַכְתָּ | הִשְׁתַּלַּחְתָּ | נִשְׁאַרְתָּ |
| | 2.f. | בֵּרַכְתְּ | הִתְבָּרַכְתְּ | הִשְׁתַּלַּחַתְּ | נִשְׁאַרְתְּ |
| | 1.c. | בֵּרַכְתִּי | הִתְבָּרַכְתִּי | הִשְׁתַּלַּחְתִּי | נִשְׁאַרְתִּי |
| **AK** Pl. | 3.c. | בֵּרְכוּ | הִתְבָּרְכוּ | הִשְׁתַּלְּחוּ | נִשְׁאֲרוּ |
| | 2.m./c. | בֵּרַכְתֶּם | הִתְבָּרַכְתֶּם | הִשְׁתַּלַּחְתֶּם | נִשְׁאַרְתֶּם |
| | 2.f. | בֵּרַכְתֶּן | הִתְבָּרַכְתֶּן | הִשְׁתַּלַּחְתֶּן | נִשְׁאַרְתֶּן |
| | 1.c. | בֵּרַכְנוּ | הִתְבָּרַכְנוּ | הִשְׁתַּלַּחְנוּ | נִשְׁאַרְנוּ |
| **PK** Sg. | 3.m. | יְבָרֵךְ | יִתְבָּרֵךְ | יִשְׁתַּלַּח | יִשָּׁאֵר |
| | 3.f. | תְּבָרֵךְ | תִּתְבָּרֵךְ | תִּשְׁתַּלַּח | תִּשָּׁאֵר |
| | 2.m. | תְּבָרֵךְ | תִּתְבָּרֵךְ | תִּשְׁתַּלַּח | תִּשָּׁאֵר |
| | 2.f. | תְּבָרְכִי | תִּתְבָּרְכִי | תִּשְׁתַּלְּחִי | תִּשָּׁאֲרִי |
| | 1.c. | אֲבָרֵךְ | אֶתְבָּרֵךְ | אֶשְׁתַּלַּח | אֶשָּׁאֵר |
| **PK** Pl. | 3.m. | יְבָרְכוּ | יִתְבָּרְכוּ | יִשְׁתַּלְּחוּ | יִשָּׁאֲרוּ |
| | 3.f. | תְּבָרֵכְנָה | תִּתְבָּרֵכְנָה | תִּשְׁתַּלַּחְנָה | תִּשָּׁאַרְנָה |
| | 2.c. | תְּבָרְכוּ | תִּתְבָּרְכוּ | תִּשְׁתַּלְּחוּ | תִּשָּׁאֲרוּ |
| | 2.f. | תְּבָרֵכְנָה | תִּתְבָּרֵכְנָה | תִּשְׁתַּלַּחְנָה | תִּשָּׁאַרְנָה |
| | 1.c. | נְבָרֵךְ | נִתְבָּרֵךְ | נִשְׁתַּלַּח | נִשָּׁאֵר |
| **PKו** | | וַיְבָרֶךְ | וַיִּתְבָּרֵךְ | וַיִּשְׁתַּלַּח | וַיִּשָּׁאֶר |

| | | ברך pi<br>segnen | ברך hitp<br>gesegnet sein | שׁלח hitp<br>geschickt werden | שׁאר nif<br>übrig bleiben |
|---|---|---|---|---|---|
| **Imp.** | Sg.m. | בָּרֵךְ | הִתְבָּרֵךְ | הִשְׁתַּלַּח | הִשָּׁאֵר |
| | Sg.f. | בָּרְכִי | הִתְבָּרְכִי | הִשְׁתַּלְּחִי | הִשָּׁאֲרִי |
| | Pl.c. | בָּרְכוּ | הִתְבָּרְכוּ | הִשְׁתַּלְּחוּ | הִשָּׁאֲרוּ |
| | Pl.f. | בָּרֵכְנָה | הִתְבָּרֵכְנָה | הִשְׁתַּלַּחְנָה | הִשָּׁאַרְנָה |
| **Inf.c.** | | בָּרֵךְ | הִתְבָּרֵךְ | הִשְׁתַּלֵּחַ | הִשָּׁאֵר |
| **Inf.a.** | | בָּרֵךְ | הִתְבָּרֵךְ | הִשְׁתַּלֵּחַ | נִשְׁאֹר |
| **Part.** | Sg.m. | מְבָרֵךְ | מִתְבָּרֵךְ | מִשְׁתַּלֵּחַ | נִשְׁאָר |
| | Sg.f. | | | | נִשְׁאָרָה/ |
| | Pl.c. | מְבָרֲכִים | | | נִשְׁאֶרֶת |
| | Pl.f. | | | | |

# 2. Schwache Verben

## 2.1 Verba פ"ן

| | | נפל q<br>fallen | נגשׁ nif<br>s. nähern | נגשׁ hif<br>darbringen | נתן q ge-<br>ben | לקח q<br>nehmen |
|---|---|---|---|---|---|---|
| AK Sg. | 3.m. | נָפַל | נִגַּשׁ | הִגִּישׁ | נָתַן | לָקַח |
| | 3.f. | נָפְלָה | נִגְּשָׁה | הִגִּישָׁה | נָתְנָה | לָקְחָה |
| | 2.m. | נָפַלְתָּ | נִגַּשְׁתָּ | הִגַּשְׁתָּ | נָתַתָּאהע | לָקַחְתָּ |
| | 2.f. | נָפַלְתְּ | נִגַּשְׁתְּ | הִגַּשְׁתְּ | נָתַתְּ | לָקַחַתְּ |
| | 1.c. | נָפַלְתִּי | נִגַּשְׁתִּי | הִגַּשְׁתִּי | נָתַתִּי | לָקַחְתִּי |
| AK Pl. | 3.c. | נָפְלוּ | נִגְּשׁוּ | הִגִּישׁוּ | נָתְנוּ | לָקְחוּ |
| | 2.m./c. | נְפַלְתֶּם | נִגַּשְׁתֶּם | הִגַּשְׁתֶּם | נְתַתֶּם | לְקַחְתֶּם |
| | 2.f. | נְפַלְתֶּן | נִגַּשְׁתֶּן | הִגַּשְׁתֶּן | נְתַתֶּן | לְקַחְתֶּן |
| | 1.c. | נָפַלְנוּ | נִגַּשְׁנוּ | הִגַּשְׁנוּ | נָתַנּוּ | לָקַחְנוּ |
| PK Sg. | 3.m. | יִפֹּל | יִנָּגֵשׁ | יַגִּישׁ | יִתֵּן | יִקַּח |
| | 3.f. | תִּפֹּל | תִּנָּגֵשׁ | תַּגִּישׁ | תִּתֵּן | תִּקַּח |
| | 2.m. | תִּפֹּל | תִּנָּגֵשׁ | תַּגִּישׁ | תִּתֵּן | תִּקַּח |
| | 2.f. | תִּפְּלִי | תִּנָּגְשִׁי | תַּגִּישִׁי | תִּתְּנִי | תִּקְחִי |
| | 1.c. | אֶפֹּל | אֶנָּגֵשׁ | אַגִּישׁ | אֶתֵּן | אֶקַּח |
| PK Pl. | 3.c. | יִפְּלוּ | יִנָּגְשׁוּ | יַגִּישׁוּ | יִתְּנוּ | יִקְחוּ |
| | 3.f. | תִּפֹּלְנָה | תִּנָּגַשְׁנָה | תַּגֵּשְׁנָה | | תִּקַּחְנָה |
| | 2.c. | תִּפְּלוּ | תִּנָּגְשׁוּ | תַּגִּישׁוּ | תִּתְּנוּ | תִּקְחוּ |
| | 2.f. | תִּפֹּלְנָה | תִּנָּגַשְׁנָה | תַּגֵּשְׁנָה | | תִּקַּחְנָה |
| | 1.c. | נִפֹּל | נִנָּגֵשׁ | נַגִּישׁ | נִתֵּן | נִקַּח |
| PKו | | וַיִּפֹּל | וַיִּנָּגֵשׁ | וַיַּגֵּשׁ | וַיִּתֵּן | וַיִּקַּח |

| | | נפל q<br>fallen | נגש nif<br>s. nähern | נגש hif<br>darbringen | נתן q<br>geben | לקח q<br>nehmen |
|---|---|---|---|---|---|---|
| **Imp.** | Sg.m. | נְפֹל | הִנָּגֵשׁ | הַגֵּשׁ | תֵּן | קַח |
| | Sg.f. | נִפְלִי | הִנָּגְשִׁי | הַגִּישִׁי | תְּנִי | קְחִי |
| | Pl.c. | נִפְלוּ | הִנָּגְשׁוּ | הַגִּישׁוּ | תְּנוּ | קְחוּ |
| | Pl.f. | נְפֹלְנָה | הִנָּגַשְׁנָה | הַגֵּשְׁנָה | | |
| **Inf.c.** | | נְפֹל | הִנָּגֵשׁ | הַגִּישׁ | תֵּת | קַחַת |
| **Inf.a.** | | נָפוֹל | הִנָּגֵשׁ | הַגֵּשׁ | נָתוֹן | לָקוֹחַ |
| **Part.** | Sg.m. | נֹפֵל | נִגָּשׁ | מַגִּישׁ | נֹתֵן | לֹקֵחַ |
| | Sg.f. | נֹפֶלֶת/נָפְלָה | | | | |
| | Pl.c. | נֹפְלִים | נִגָּשִׁים | | נֹתְנִים | לֹקְחִים |
| | Pl.f. | | | | | |

## 2.2 Verba פ"א, פ"י, Verbum schwach analog פ"ו

| | | אמר q<br>sagen | ינק q<br>saugen | יטב hif<br>gut handeln | הלך q<br>gehen |
|---|---|---|---|---|---|
| **AK** Sg. | 3.m. | אָמַר | יָנַק | הֵיטִיב | הָלַךְ |
| | 3.f. | אָמְרָה | יָנְקָה | הֵיטִבָה | הָלְכָה |
| | 2.m. | אָמַרְתָּ | יָנַקְתָּ | הֵיטַבְתָּ | הָלַכְתָּ |
| | 2.f. | אָמַרְתְּ | יָנַקְתְּ | הֵיטַבְתְּ | הָלַכְתְּ |
| | 1.c. | אָמַרְתִּי | יָנַקְתִּי | הֵיטַבְתִּי | הָלַכְתִּי |
| **AK** Pl. | 3.c. | אָמְרוּ | יָנְקוּ | הֵיטִיבוּ | הָלְכוּ |
| | 2.c | אֲמַרְתֶּם | יְנַקְתֶּם | הֵיטַבְתֶּם | הֲלַכְתֶּם |
| | 2.f. | אֲמַרְתֶּן | יְנַקְתֶּן | הֵיטַבְתֶּן | הֲלַכְתֶּן |
| | 1.c. | אָמַרְנוּ | יָנַקְנוּ | הֵיטַבְנוּ | הָלַכְנוּ |
| **PK** Sg. | 3.m. | יֹאמַר | יִינַק | יֵיטִיב | יֵלֵךְ |
| | 3.f. | תֹּאמַר | תִּינַק | תֵּיטִיב | תֵּלֵךְ |
| | 2.m. | תֹּאמַר | תִּינַק | תֵּיטִיב | תֵּלֵךְ |
| | 2.f. | תֹּאמְרִי | תִּינְקִי | תֵּיטִיבִי | תֵּלְכִי |
| | 1.c. | אֹמַר | אִינַק | אֵיטִיב | אֵלֵךְ |
| **PK** Pl. | 3.c. | יֹאמְרוּ | יִינְקוּ | יֵיטִיבוּ | יֵלְכוּ |
| | 3.f. | תֹּאמַרְנָה | תִּינַקְנָה | תֵּיטֵבְנָה | תֵּלַכְנָה |
| | 2.c. | תֹּאמְרוּ | תִּינְקוּ | תֵּיטִיבוּ | תֵּלְכוּ |
| | 2.f. | תֹּאמַרְנָה | תִּינַקְנָה | תֵּיטֵבְנָה | תֵּלַכְנָה |
| | 1.c. | נֹאמַר | נִינַק | נֵיטִיב | נֵלֵךְ |
| **PK**ו | | וַיֹּאמֶר | וַיִּינַק | וַיֵּיטֶב | וַיֵּלֶךְ |

| | | אמר q<br>sagen | ינק q<br>saugen | יטב hif<br>gut handeln | הלך q<br>gehen |
|---|---|---|---|---|---|
| **Imp.** | Sg.m. | אֱמֹר | יְנֹק | הֵיטֵב | לֵךְ |
| | Sg.f. | אִמְרִי | | הֵיטִיבִי | לְכִי |
| | Pl.c. | אִמְרוּ | | הֵיטִיבוּ | לְכוּ |
| | Pl.f. | | | | |
| **Inf.c.** | | אֱמֹר | יְנֹק | הֵיטִיב | לֶכֶת |
| **Inf.a.** | | אָמוֹר | יָנוֹק | הֵיטֵב | הָלוֹךְ |
| **Part.** | Sg.m. | אֹמֵר | יֹנֵק | מֵיטִיב | הֹלֵךְ |
| | Sg.f. | אֹמֶרֶת | | | הֹלֶכֶת |
| | Pl.c. | אֹמְרִים | יֹנְקִים | מֵיטִיבִים | הֹלְכִים |
| | Pl.f. | אֹמְרוֹת | | | הֹלְכֹת |

## 2.3 Verba פ"ו: ישׁב sitzen, wohnen

| | | Qal | nif | hif |
|---|---|---|---|---|
| **AK** Sg. | 3.m. | יָשַׁב | נוֹשַׁב | הוֹשִׁיב |
| | 3.f. | יָשְׁבָה | נוֹשְׁבָה | הוֹשִׁיבָה |
| | 2.m. | יָשַׁבְתָּ | נוֹשַׁבְתָּ | הוֹשַׁבְתָּ |
| | 2.f. | יָשַׁבְתְּ | נוֹשַׁבְתְּ | הוֹשַׁבְתְּ |
| | 1.c. | יָשַׁבְתִּי | נוֹשַׁבְתִּי | הוֹשַׁבְתִּי |
| **AK** Pl. | 3.c. | יָשְׁבוּ | נוֹשְׁבוּ | הוֹשִׁיבוּ |
| | 2.m./c. | יְשַׁבְתֶּם | נוֹשַׁבְתֶּם | הוֹשַׁבְתֶּם |
| | 2.f. | יְשַׁבְתֶּן | נוֹשַׁבְתֶּן | הוֹשַׁבְתֶּן |
| | 1.c. | יָשַׁבְנוּ | נוֹשַׁבְנוּ | הוֹשַׁבְנוּ |
| **PK** Sg. | 3.m. | יֵשֵׁב | יִוָּשֵׁב | יוֹשִׁיב |
| | 3.f. | תֵּשֵׁב | תִּוָּשֵׁב | תּוֹשִׁיב |
| | 2.m. | תֵּשֵׁב | תִּוָּשֵׁב | תּוֹשִׁיב |
| | 2.f. | תֵּשְׁבִי | תִּוָּשְׁבִי | תּוֹשִׁיבִי |
| | 1.c. | אֵשֵׁב | אִוָּשֵׁב | אוֹשִׁיב |
| **PK** Pl. | 3.c. | יֵשְׁבוּ | יִוָּשְׁבוּ | יוֹשִׁיבוּ |
| | 3.f. | תֵּשַׁבְנָה | תִּוָּשַׁבְנָה | תּוֹשֵׁבְנָה |
| | 2.c. | תֵּשְׁבוּ | תִּוָּשְׁבוּ | תּוֹשִׁיבוּ |
| | 2.f. | תֵּשַׁבְנָה | תִּוָּשַׁבְנָה | תּוֹשֵׁבְנָה |
| | 1.c. | נֵשֵׁב | נִוָּשֵׁב | נוֹשִׁיב |
| **PK**ו | | וַיֵּשֶׁב | וַיִּוָּשֵׁב | וַיּוֹשֶׁב |

| | | qal | nif | hif |
|---|---|---|---|---|
| **Imp.** | Sg. m. | שֵׁב | הִוָּשֵׁב | הוֹשֵׁב |
| | Sg. f. | שְׁבִי | הִוָּשְׁבִי | הוֹשִׁיבִי |
| | Pl. c. | שְׁבוּ | הִוָּשְׁבוּ | הוֹשִׁיבוּ |
| | Pl. f. | שֵׁבְנָה | הִוָּשַׁבְנָה | הוֹשֵׁבְנָה |
| **Inf.c.** | | שֶׁבֶת | הִוָּשֵׁב | הוֹשִׁיב |
| **Inf.a.** | | יָשׁוֹב | הִוָּשֵׁב | הוֹשֵׁב |
| **Part.** | Sg. m. | יֹשֵׁב | נוֹשָׁב | מוֹשִׁיב |
| | Sg. f. | יֹשֶׁבֶת | נוֹשָׁבָה/נֹשֶׁבֶת | |
| | Pl. c. | יֹשְׁבִים | | |
| | Pl. f. | יֹשְׁבוֹת | | |

## 2.4 Verba ע"ע: סבב, umgeben

| | | Qal<br>**fientisch**<br>*umzingeln* | <br>**statisch**<br>*umgeben* | Nifal |
|---|---|---|---|---|
| **AK** Sg. | 3.m. | סָבַב | סַב | נָסַב |
| | 3.f. | סָבְבָה | סַבָּה | נָסַבָּה |
| | 2.m. | סַבּוֹתָ | | נְסַבּוֹתָ |
| | 2.f. | סַבּוֹת | | נְסַבּוֹת |
| | 1.c. | סַבּוֹתִי | | נְסַבּוֹתִי |
| **AK** Pl. | 3.c. | סָבְבוּ | סַבּוּ | נָסַבּוּ |
| | 2.m. | סַבּוֹתֶם | | נְסַבּוֹתֶם |
| | 2.f. | סַבּוֹתֶן | | נְסַבּוֹתֶן |
| | 1.c. | סַבּוֹנוּ | | נְסַבּוֹנוּ |
| **PK** Sg. | 3.m. | יָסֹב | יִסֹּב | יִסַּב |
| | 3.f. | תָּסֹב | | תִּסַּב |
| | 2.m. | תָּסֹב | | תִּסַּב |
| | 2.f. | תָּסֹבִּי | | תִּסַּבִּי |
| | 1.c. | אָסֹב | אֶסֹּב | אֶסַּב |
| **PK** Pl. | 3.c. | יָסוֹבּוּ | | יִסַּבּוּ |
| | 3.f. | תְּסוּבֶּינָה | | תִּסַּבֶּינָה |
| | 2.c. | תָּסוֹבּוּ | | תִּסַּבּוּ |
| | 2.f. | תְּסוּבֶּינָה | | תִּסַּבֶּינָה |
| | 1.c. | נָסֹב | | נִסַּב |

| PKו | | וַיָּסָב | וַיִּסֹּב | וַיִּסַּב |
|---|---|---|---|---|
| | | **Qal**<br>**fientisch**<br>*umzingeln* | **statisch**<br>*umgeben* | **Nifal** |
| **Imp.** | Sg.m. | סֹב | | הִסַּב |
| | Sg.f. | סֹבִּי | | הִסַּבִּי |
| | Pl.m. | סֹבּוּ | | הִסַּבּוּ |
| | Pl.f. | סֻבֶּינָה | | הִסַּבֶּינָה |
| **Inf.c.** | | סְבֹב | סַב סֹב | הִסֵּב |
| **Inf.a.** | | סָבוֹב | | הִסּוֹב |
| **Part.** | Sg.m. | סֹבֵב | | נָסָב |
| | Pl.m. | סֹבְבִים | | |

| | | Hifil | Polel | Hitpolel |
|---|---|---|---|---|
| **AK** Sg. | 3.m. | הֵסֵב | סוֹבֵב | הִסְתּוֹבֵב |
| | 3.f. | הֵסֵבָּה | סוֹבְבָה | הִסְתּוֹבְבָה |
| | 2.m. | הֲסִבּוֹתָ | סוֹבַבְתָּ | הִסְתּוֹבַבְתָּ |
| | 2.f. | הֲסִבּוֹת | סוֹבַבְתְּ | הִסְתּוֹבַבְתְּ |
| | 1.c. | הַסִבּוֹתִי | סוֹבַבְתִּי | הִסְתּוֹבַבְתִּי |
| **AK** Pl. | 3.c. | הֵסֵבּוּ | סֹבְבוּ | הִסְתּוֹבְבוּ |
| | 2.m./c. | הֲסִבּוֹתֶם | סוֹבַבְתֶּם | הִסְתּוֹבַבְתֶּם |
| | 2.f. | הֲסִבּוֹתֶן | סוֹבַבְתֶּן | הִסְתּוֹבַבְתֶּן |
| | 1.c. | הֲסִבּוֹנוּ | סוֹבַבְנוּ | הִסְתּוֹבַבְנוּ |

| | | Hifil | Polel | Hitpolel |
|---|---|---|---|---|
| **PK** Sg. | 3.m. | יָסֵב | יְסוֹבֵב | יִסְתּוֹבֵב |
| | 3.f. | תָּסֵב | תְּסוֹבֵב | תִּסְתּוֹבֵב |
| | 2.m. | תָּסֵב | תְּסוֹבֵב | תִּסְתּוֹבֵב |
| | 2.f. | תָּסֵבִּי | תְּסוֹבְבִי | תִּסְתּוֹבְבִי |
| | 1.c. | אָסֵב | אֲסוֹבֵב | אֶסְתּוֹבֵב |
| **PK** Pl. | 3.c. | יָסֵבּוּ | יְסוֹבְבוּ | יִסְתּוֹבְבוּ |
| | 3.f. | תְּסִבֶּינָה | תְּסוֹבֵבְנָה | תִּסְתּוֹבֵבְנָה |
| | 2.m./c. | תָּסֵבּוּ | תְּסוֹבְבוּ | תִּסְתּוֹבְבוּ |
| | 2.f. | תְּסִבֶּינָה | תְּסוֹבֵבְנָה | תִּסְתּוֹבֵבְנָה |
| | 1.c. | נָסֵב | נְסוֹבֵב | נִסְתּוֹבֵב |
| **PKו** | | וַיָּסֶב | וַיְסֹבֵב | וַיִּסְתּוֹבֵב |
| **Imp.** | Sg.m. | הָסֵב | סוֹבֵב | הִסְתּוֹבֵב |
| | Sg.f. | הָסֵבִּי | סוֹבְבִי | הִסְתּוֹבְבִי |
| | Pl.m./c. | הָסֵבּוּ | סוֹבְבוּ | הִסְתּוֹבְבוּ |
| | Pl.f. | הֲסִבֶּינָה | סוֹבֵבְנָה | הִסְתּוֹבֵבְנָה |
| **Inf.c.** | | הָסֵב | סוֹבֵב | הִסְתּוֹבֵב |
| **Inf.a.** | | הָסֵב | | |
| **Part.** | | מֵסֵב | מְסוֹבֵב | מִסְתּוֹבֵב |

## 2.5 Die hohle Wurzel: Verba ע"ו:

| | | קום q<br>*aufstehen* | קום hif<br>*aufrichten* | כון pol<br>*gründen* | בוא q<br>*kommen* |
|---|---|---|---|---|---|
| **AK** Sg. | 3.m. | קָם | הֵקִים | כּוֹנֵן | בָּא |
| | 3.f. | קָמָה | הֵקִימָה | כּוֹנְנָה | בָּאָה |
| | 2.m. | קַמְתָּ | הֲקִימוֹתָ | כּוֹנַנְתָּ | בָּאתָ |
| | 2.f. | קַמְתְּ | הֲקִימוֹת | כּוֹנַנְתְּ | בָּאת |
| | 1.c. | קַמְתִּי | הֲקִימוֹתִי | כּוֹנַנְתִּי | בָּאתִי |
| **AK** Pl. | 3.c. | קָמוּ | הֵקִימוּ | כּוֹנְנוּ | בָּאוּ |
| | 2.m./c. | קַמְתֶּם | הֲקִימוֹתֶם | כּוֹנַנְתֶּם | בָּאתֶם |
| | 2.f. | קַמְתֶּן | הֲקִימוֹתֶן | כּוֹנַנְתֶּן | בָּאתֶן |
| | 1.c. | קַמְנוּ | הֲקִימוֹנוּ | כּוֹנַנּוּ | בָּאנוּ |
| **PK** Sg. | 3.m. | יָקוּם | יָקִים | יְכוֹנֵן | יָבֹא |
| | 3.f. | תָּקוּם | תָּקִים | תְּכוֹנֵן | תָּבֹא |
| | 2.m. | תָּקוּם | תָּקִים | תְּכוֹנֵן | תָּבֹא |
| | 2.f. | תָּקוּמִי | תָּקִימִי | תְּכוֹנְנִי | תָּבֹאִי |
| | 1.c. | אָקוּם | אָקִים | אֲכוֹנֵן | אָבֹא |
| **PK** Pl. | 3.c. | יָקוּמוּ | יָקִימוּ | יְכוֹנְנוּ | יָבֹאוּ |
| | 3.f. | תְּקוּמֶינָה | תְּקִימֶינָה | תְּכוֹנֵנָּה | תָּבֹאנָה |
| | 2.c. | תָּקוּמוּ | תָּקִימוּ | תְּכוֹנְנוּ | תָּבֹאוּ |
| | 2.f. | תְּקוּמֶינָה | תְּקִימֶינָה | תְּכוֹנֵנָּה | תָּבֹאנָה |
| | 1.c. | נָקוּם | נָקִים | נְכוֹנֵן | נָבֹא |
| **PK**ו | | וַיָּקָם | וַיָּקֶם | וַיְכוֹנֵן | וַיָּבֹא |

| | | קוּם q *auf-stehen* | קוּם hif *aufrichten* | כּוּן pol *gründen* | בוא q *kommen* |
|---|---|---|---|---|---|
| **Imp.** | Sg. m. | קוּם | הָקֵם | כּוֹנֵן | בֹּא |
| | Sg. f. | קוּמִי | הָקִימִי | כּוֹנְנִי | בֹּאִי |
| | Pl. m. | קוּמוּ | הָקִימוּ | כּוֹנְנוּ | בֹּאוּ |
| | Pl. f. | קֹמְנָה | הָקֵמְנָה | כּוֹנֵנָּה | בֹּאנָה |
| **Inf.c.** | | קוּם | הָקִים | כּוֹנֵן | בּוֹא |
| **Inf.a.** | | קוֹם | הָקֵם | | בּוֹא |
| **Part.** | Sg. m. | קָם | מֵקִים | מְכוֹנֵן | בָּא |
| | Sg. f. | קָמָה | מְקִימָה | מְכוֹנְנָה | בָּאָה |

## 2.6 Verba ל"א und ל"ה; doppelt schwache Verben

| | | מצא q<br>*Finden* | עלה q<br>*hinaufgehen* | עלה hif<br>*hinaufführen* | נכה hif<br>*schlagen* | ידה hif<br>*loben* |
|---|---|---|---|---|---|---|
| **AK** Sg. | 3.m. | מָצָא | עָלָה | הֶעֱלָה | הִכָּה | הוֹדָה |
| | 3.f. | מָצְאָה | עָלְתָה | הַעַלְתָה | הִכְּתָה | הוֹדְתָה |
| | 2.m. | מָצָאתָ | עָלִיתָ | הֶעֱלִיתָ | הִכִּיתָ | הוֹדִיתָה |
| | 2.f. | מָצָאת | עָלִית | הֶעֱלִית | הִכִּית | הוֹדִית |
| | 1.c. | מָצָאתִי | עָלִיתִי | הֶעֱלִיתִי | הִכִּיתִי | הוֹדִיתִי |
| **AK** Pl. | 3.c. | מָצְאוּ | עָלוּ | הֶעֱלוּ | הִכּוּ | הוֹדוּ |
| | 2.m./c. | מְצָאתֶם | עֲלִיתֶם | הֶעֱלִיתֶם | הִכִּיתֶם | הוֹדִיתֶם |
| | 2.f. | מְצָאתֶן | עֲלִיתֶן | הֶעֱלִיתֶן | הִכִּיתֶן | הוֹדִיתֶן |
| | 1.c. | מָצָאנוּ | עָלִינוּ | הֶעֱלִינוּ | הִכִּינוּ | הוֹדִינוּ |
| **PK** Sg. | 3.m. | יִמְצָא | יַֽעֲלֶה | יַֽעֲלֶה | יַֽכֶּה | יוֹדֶה |
| | 3.f. | תִּמְצָא | תַּעֲלֶה | תַּעֲלֶה | תַּכֶּה | תּוֹדֶה |
| | 2.m. | תִּמְצָא | תַּעֲלֶה | תַּעֲלֶה | תַּכֶּה | תּוֹדֶה |
| | 2.f. | תִּמְצְאִי | תַּעֲלִי | תַּעֲלִי | תַּכִּי | תּוֹדִי |
| | 1.c. | אֶמְצָא | אֶעֱלֶה | אַעֲלֶה | אַכֶּה | אוֹדֶה |

| | | מצא q<br>*finden* | עלה q<br>*hinauf-gehen* | עלה hif<br>*hinauf-führen* | נכה hif<br>*schlagen* | ידה hif<br>*loben* |
|---|---|---|---|---|---|---|
| **PK Pl.** | 3.c. | יִמְצְאוּ | יַעֲלוּ | יַעֲלוּ | יַכּוּ | יוֹדוּ |
| | 3.f. | תִּמְצֶאנָה | תַּעֲלֶינָה | תַּעֲלֶינָה | תַּכֶּינָה | תּוֹדֶינָה |
| | 2.c. | תִּמְצְאוּ | תַּעֲלוּ | תַּעֲלוּ | תַּכּוּ | תּוֹדוּ |
| | 2.f. | תִּמְצֶאנָה | תַּעֲלֶינָה | תַּעֲלֶינָה | תַּכֶּינָה | תּוֹדֶינָה |
| | 1.c. | נִמְצָא | נַעֲלֶה | נַעֲלֶה | נַכֶּה | נוֹדֶה |
| **PKו** | | וַיִּמְצָא | וַיַּעַל | וַיַּעַל | וַיַּךְ | |
| **Imp.** | Sg.m. | מְצָא | עֲלֵה | הַעֲלֵה | הַךְ | הוֹדֵה |
| | Sg.f. | מִצְאִי | עֲלִי | הַעֲלִי | הַכִּי | הוֹדִי |
| | Pl.m. | מִצְאוּ | עֲלוּ | הַעֲלוּ | הַכּוּ | הוֹדוּ |
| | Pl.f. | מְצֶאנָה | עֲלֶינָה | הַעֲלֶינָה | הַכֶּינָה | הוֹדֶינָה |
| **Inf.c.** | | מְצֹא | עֲלוֹת | הַעֲלוֹת | הַכּוֹת | הוֹדוֹת |
| **Inf.a.** | | מָצוֹא | עָלוֹה | הַעֲלֵה | הַכֵּה | הוֹדֵה |
| **Part.** | m.Sg. | מֹצֵא | עֹלֶה | מַעֲלֶה | מַכֶּה | מוֹדֶה |

# 3. Nomen

## 3.1 Ein- und zweisilbige Nomen

Einsilbiges Nomen mit unveränderlichem Vokal קָם, *kam*, *aufrecht* (stehend; Pt. von קום), Nomen mit veränderlichem Vokal in der Paenultima גָּדוֹל, *gadol*, *groß*, Nomen mit veränderlichem Vokal in der Ultima עוֹלָם, *ʿolam*, *Weltzeit*, Nomen mit zwei veränderlichen Vokalen חָכָם *ḥakam*, *weise*.

| | | קָם<br>*aufrecht* | גָּדוֹל<br>*groß* | עוֹלָם<br>*Weltzeit* | חָכָם<br>*weise* |
|---|---|---|---|---|---|
| Sg. | st. abs. | קָם | גָּדוֹל | עוֹלָם | חָכָם |
| | st. cstr. | קָם | גְּדוֹל | עוֹלַם | חֲכַם |
| | ePP 1.c.Sg. | קָמִי | גְּדוֹלִי | עוֹלָמִי | חֲכָמִי |
| | ePP 2.m.Sg. | קָמְךָ | גְּדוֹלְךָ | עוֹלָמְךָ | חֲכָמְךָ |
| | ePP 2.m.Pl. | קָמְכֶם | גְּדוֹלְכֶם | עוֹלַמְכֶם | חֲכַמְכֶם |
| Pl. | abs. | קָמִים | גְּדוֹלִים | עוֹלָמִים | חֲכָמִים |
| | cstr. | קָמֵי | גְּדוֹלֵי | עוֹלְמֵי | חַכְמֵי |
| | ePP 1.c.Sg. | קָמַי | גְּדוֹלַי | עוֹלָמַי | חֲכָמַי |
| | ePP 2.m.Sg. | קָמֶיךָ | גְּדוֹלֶיךָ | עוֹלָמֶיךָ | חֲכָמֶיךָ |
| | ePP 2.m.Pl. | קָמֵיכֶם | גְּדוֹלֵיכֶם | עוֹלְמֵיכֶם | חַכְמֵיכֶם |

## 3.2 Einsilbige Nomen der Segolatklasse

| | | קֶרֶן<br>*Horn* | זֶבַח<br>*Opfer* | חֳלִי<br>*Schwäche* | מַלְכָּה<br>*Königin* |
|---|---|---|---|---|---|
| Sg. | st. abs. | קֶרֶן | זֶבַח | חֳלִי | מַלְכָּה |
| | st. cstr. | קֶרֶן | זֶבַח | חֳלִי | מַלְכַּת |
| | ePP 1.c.Sg. | קַרְנִי | זִבְחִי | חָלְיִי | מַלְכָּתִי |
| | ePP 2.m.Sg. | קַרְנְךָ | זִבְחֲךָ | חָלְיְךָ | מַלְכָּתְךָ |
| | ePP 2.m.Pl. | קַרְנְכֶם | זִבְחֲכֶם | חָלְיְכֶם | מַלְכַּתְכֶם |
| Pl. | st. abs. | קְרָנוֹת | זְבָחִים | | מְלָכוֹת |
| | st. cstr. | קַרְנוֹת | זִבְחֵי | | מַלְכוֹת |
| | ePP 1.c.Sg. | קַרְנוֹתַי | זְבָחַי | | מַלְכוֹתַי |
| | ePP 2.m.Sg. | קַרְנוֹתֶיךָ | זְבָחֶיךָ | | מַלְכוֹתֶיךָ |
| | ePP 2.m.Pl. | קַרְנוֹתֵיכֶם | זִבְחֵיכֶם | | מַלְכוֹתֵיכֶם |

## 3.3 Einsilbige Nomen mit doppeltem Schlusskonsonanten

| | | עַם<br>*Volk* | לֵב<br>*Herz* | הָר<br>*Berg* |
|---|---|---|---|---|
| Sg. | st. abs. | עַם | לֵב | הָר |
| | st. cstr. | עַם | לְבַב לֵב | הַר |
| | ePP 1.c.Sg. | עַמִּי | לִבִּי | |
| | ePP 2.m.Sg. | עַמְּךָ עַמֶּךָ | לִבְּךָ לִבֶּךָ | |
| | ePP 3.m. Sg.. | עַמּוֹ | לִבּוֹ | |
| Pl. | st. abs. | עַמִּים | לִבּוֹת | הָרִים |
| | st. cstr. | עַמֵּי | לִבּוֹת | הַרְרֵי הָרֵי |
| | ePP 1.c. Sg. | | | הָרַי |
| | ePP 2.m.Sg. | עַמֶּיךָ | | |
| | ePP 3.Sg. | עַמָּיו | | הֲרָרֶיהָ הָרָיו |

# 4. Nomen und Verben mit Suffixen

## 4.1 Nomina mit ePP

*Sg.* *Pl.*

| סוּס m. *Pferd* | | סוּסָה f. *Stute* | סֵפֶר m. *Buch* | בַּת f. *Tochter* | | | סוּס Pl.m. | | סוּסָה Pl.f. | סֵפֶר Pl.m. | בַּת Pl.f. |
|---|---|---|---|---|---|---|---|---|---|---|---|
| סוּסִי | mein Pferd | סוּסָתִי | סִפְרִי | בִּתִּי | | 1.c. | סוּסַי | meine Pferde | סוּסוֹתַי | סְפָרַי | בְּנֹתַי |
| סוּסְךָ | dein Pferd | סוּסָתְךָ | סִפְרְךָ | | | 2.m. | סוּסָי | | סוּסוֹתָי | סְפָרָי | |
| סוּסֶךָ | | סוּסָתֶךָ | | בִּתֶּךָ | | i.p. | סוּסֶיךָ | deine Pferde | סוּסוֹתֶיךָ | סְפָרֶיךָ | בְּנֹתֶיךָ |
| סוּסֵךְ | | סוּסָתֵךְ | סִפְרֵךְ | | Sg. | 2.f. | סוּסַיִךְ | | סוּסוֹתַיִךְ | סְפָרַיִךְ | בְּנֹתַיִךְ |
| סוּסוֹ | sein Pferd | סוּסָתוֹ | סִפְרוֹ | בִּתּוֹ | | 3.m. | סוּסָיִךְ | | סוּסוֹתָיִךְ | סְפָרָיִךְ | |
| סוּסָהּ | ihr Pferd | סוּסָתָהּ | סִפְרָהּ | בִּתָּהּ | | 3.f. | סוּסָיו | seine Pferde | סוּסוֹתָיו | סְפָרָיו | בְּנֹתָיו |
| | | | | | | | סוּסֶיהָ | ihre Pferde | סוּסוֹתֶיהָ | סְפָרֶיהָ | בְּנֹתֶיהָ |
| סוּסֵנוּ | unser Pferd | סוּסָתֵנוּ | סִפְרֵנוּ | | | 1.c. | סוּסֵינוּ | unsere Pferde | סוּסוֹתֵינוּ | סְפָרֵינוּ | בְּנֹתֵינוּ |
| סוּסְכֶם | euer Pferd | סוּסַתְכֶם | סִפְרְכֶם | בִּתְּכֶם | | 2.m. | סוּסֵיכֶם | eure Pferde | סוּסוֹתֵיכֶם | סִפְרֵיכֶם | בְּנֹתֵיכֶם |
| סוּסְכֶן | | סוּסַתְכֶן | סִפְרְכֶן | | Pl. | 2.f. | סוּסֵיכֶן | | סוּסוֹתֵיכֶן | סִפְרֵיכֶן | |
| סוּסָם | ihr Pferd | סוּסָתָם | סִפְרָם | | | 3.m. | סוּסֵיהֶם | ihre Pferde | סוּסוֹתֵיהֶם | סִפְרֵיהֶם | בְּנֹתֵיהֶם |
| סוּסָן | | סוּסָתָן | סִפְרָן | | | 3.f. | סוּסֵיהֶן | | סוּסוֹתֵיהֶן | סִפְרֵיהֶן | |

## 4.2 Das Verbum שׁמר bewahren mit ePP

| | | 1.c.Sg. | | 2.m.Sg. | | 2.f.Sg. | 3.m.Sg. | |
|---|---|---|---|---|---|---|---|---|
| ***AK q*** | 3.Sg.m. | שְׁמָרַנִי | er b. mich | שְׁמָרְךָ | er b. dich | שְׁמָרֵךְ | שְׁמָרוֹ \| שְׁמָרָהוּ | er bewahrt ihn |
| | 3.Sg.f. | שְׁמָרַתְנִי | sie b. mich | שְׁמָרַתְךָ | sie b. dich | שְׁמָרָתֶךְ | שְׁמָרַתּוֹ \| שְׁמָרַתְהוּ | sie bewahrt ihn |
| | 2.Sg.m. | שְׁמַרְתַּנִי | du b. mich | | | | שְׁמַרְתּוֹ | du bewahrst ihn |
| | 1.c.. | | | שְׁמַרְתִּיךָ | ich b. dich | שְׁמַרְתִּיךְ | שְׁמַרְתִּיו \| שְׁמַרְתִּיהוּ | ich bewahre ihn |
| | 3.Pl.c. | שְׁמָרוּנִי | sie b. mich | שְׁמָרוּךָ | sie b. dich | שְׁמָרוּךְ | שְׁמָרוּהוּ | sie bewahren ihn |
| | 1.Pl.c. | שְׁמַרְנוּנִי | wir b. mich | שְׁמַרְנוּךָ | wir b. dich | שְׁמַרְנוּךְ | שְׁמַרְנוּהוּ | wir bewahren ihn |
| ***PK q*** | 3.Sg.m. | יִשְׁמְרֵנִי | er b. mich | יִשְׁמָרְךָ | er b. dich | יִשְׁמְרֵךְ | יִשְׁמְרֵהוּ | er bewahrt ihn |
| | + ן-energ. | יִשְׁמְרֶנִּי | | יִשְׁמְרֶכָּה | | | יִשְׁמְרֶנּוּ | |
| | 3.Pl.m. | יִשְׁמְרוּנִי | sie b. mich | יִשְׁמְרוּךָ | sie b. dich | יִשְׁמְרוּךְ | יִשְׁמְרוּהוּ | sie bewahren ihn |
| **Imp.** | Sg.m. | שָׁמְרֵנִי | bewahre mich! | | | | שָׁמְרֵהוּ | bewahre ihn! |
| | Pl.m. | שִׁמְרוּנִי | bewahrt mich! | | | | שִׁמְרוּהוּ | bewahrt ihn! |
| **Inf.c.** | | שָׁמְרִי | | שָׁמְרְךָ | | שָׁמְרֵךְ | שָׁמְרוֹ | |
| | | שָׁמְרֵנִי | | שַׁמְרְךָ | | | | |

| | | 3.Sg.f. | 1.c.Pl. | 2.m.Pl. | 3.m.Pl. | 3.f.Pl. |
|---|---|---|---|---|---|---|
| **AK q** | 3.Sg.m. | שְׁמָרָהּ | שְׁמָרָנוּ | | שְׁמָרָם | שְׁמָרָן |
| | 3.Sg.f. | שְׁמָרַתָּהּ | שְׁמָרַתְנוּ | | שְׁמָרָתַם | שְׁמָרָתַן |
| | 2.Sg.m. | שְׁמַרְתָּהּ | שְׁמַרְתָּנוּ | | שְׁמַרְתָּם | שְׁמַרְתָּן |
| | 2.f.m/ 1.c. | שְׁמַרְתִּהָ | שְׁמַרְתִּינוּ | | שְׁמַרְתִּם | שְׁמַרְתִּין |
| | 3.Pl.c. | שְׁמָרוּהּ | שְׁמָרוּנוּ | | שְׁמָרוּם | שְׁמָרוּן |
| | 1.Pl.c. | שְׁמַרְנוּהָ | | | שְׁמַרְנוּם | שְׁמַרְנוּן |
| ***PK q*** | 3.Sg.m. | יִשְׁמְרֶהָ ־רָהּ | יִשְׁמְרֵנוּ | | יִשְׁמְרֵם | |
| | +ן-energ. | יִשְׁמְרֶנָּה | | | | |
| | 3.Pl.m. | יִשְׁמְרוּהָ | יִשְׁמְרוּנוּ | יִשְׁמְרוּכֶם | יִשְׁמְרוּם | יִשְׁמְרוּן |
| **Imp.** | Sg.m. | שָׁמְרֶהָ ־רָהּ | שָׁמְרֵנוּ | | שָׁמְרֵם | |
| | Pl.m. | שִׁמְרוּהָ | שִׁמְרוּנוּ | | שִׁמְרוּם | שִׁמְרוּן |
| **Inf.c.** | | שָׁמְרָהּ | שָׁמְרֵנוּ | שָׁמְרְכֶם<br>שְׁמָרְכֶם | שָׁמְרָם | שָׁמְרָן |

## 4.3 Präpositionen mit ePP

Die selbständigen Präpositionen עִם *mit*, עַל *auf*, und מִן *mit*; die proklitische Präposition לְ *in bezug auf*

| | | לְ | עִם־ | עַל־ | מִן־ |
|---|---|---|---|---|---|
| Sg. | 1.c. | לִי | עִמִּי | עָלַי | מִמֶּנִּי |
| | 2.m. | לְךָ | עִמְּךָ | עָלֶיךָ | מִמְּךָ |
| | 2.m. *i.p.* | לָךְ | עִמָּךְ | | מִמֶּכָּה |
| | 2.f. | לָךְ | עִמָּךְ | עָלַיִךְ | מִמֵּךְ |
| | 3.m. | לוֹ | עִמּוֹ | עָלָיו | מִמֶּנּוּ |
| | 3.f. | לָהּ | עִמָּהּ | עָלֶיהָ | מִמֶּנָּה |
| Pl. | 1.c. | לָנוּ | עִמָּנוּ | עָלֵינוּ | מִמֶּנּוּ |
| | 2.m./c. | לָכֶם | עִמָּכֶם | עֲלֵיכֶם | מִכֶּם |
| | 2.f. | לָכֶן | | עֲלֵיכֶן | |
| | 3.m./c. | לָהֶם | עִמָּם | עֲלֵיהֶם | מֵהֶם |
| | 3.f. | לָהֶן | | עֲלֵיהֶן | מֵהֵנָּה |

## 5. Die wichtigsten schwachen Verben

| 3. Sg. m. AK | 3. Sg. m. PK | 3. Sg. m. PKו | Imp. Sg. m. | Inf. c. | |
|---|---|---|---|---|---|
| אָכַל | יֹאכַל | וַיֹּאכַל | אֱכֹל | אֲכֹל | *essen* |
| אָמַר | יֹאמַר | וַיֹּאמֶר | אֱמֹר | אֱמֹר | *sagen* |
| בָּא | יָבֹא | וַיָּבֹא | בֹּא<br>בּוֹא | בֹּא<br>בּוֹא | *kommen* |
| הֵבִיא | יָבִיא | וַיָּבֵא | הָבֵא | הָבִיא | *hi. bringen* |
| בָּנָה | יִבְנֶה | וַיִּבֶן | בְּנֵה | בְּנוֹת | *bauen* |
| הָיָה | יִהְיֶה | וַיְהִי | הֱיֵה | הֱיוֹת | *sein* |
| הָלַךְ | יֵלֵךְ | וַיֵּלֶךְ | לֵךְ | לֶכֶת | *gehen* |
| הִשְׁתַּחֲוָה | יִשְׁתַּחֲוֶה | וַיִּשְׁתַּחוּ | הִשְׁתַּחֲווּ | הִשְׁתַּחֲוֹת | *s. beugen* |
| חָנַן | יָחֹן | וַיָּחָן | חֹן | חֹן | *gnädig sein* |
| הוֹדָה | יוֹדֶה | וַיּוֹדֶה | הוֹדֵה | הוֹדוֹת | *hi. preisen* |
| יָדַע | יֵדַע | וַיֵּדַע | דַּע | דַּעַת | *wissen* |
| יָכֹל | יוּכַל | וַיּוּכַל | | יְכֹלֶת | *können* |
| יָלַד | יֵלֵד | וַיֵּלֶד | | לֶדֶת | *gebären* |
| יָצָא | יֵצֵא | וַיֵּצֵא | צֵא | צֵאת | *hinausgehen* |
| יָרֵא | יִירָא | וַיִּירָא | יְרָא | יִרְאָה | *fürchten* |
| יָרַד | יֵרֵד | וַיֵּרֶד | רֵד | רֶדֶת | *hinabgehen* |
| יָשַׁב | יֵשֵׁב | וַיֵּשֶׁב | שֵׁב | שֶׁבֶת | *sitzen* |
| לָקַח | יִקַּח | וַיִּקַּח | קַח | קַחַת | *nehmen* |
| מֵת | יָמוּת | וַיָּמָת | מֵת | מוּת | *sterben* |

| 3. Sg. m. AK | 3. Sg. m. PK | 3. Sg. m. PKו | Imp. Sg. m. | Inf. c. | |
|---|---|---|---|---|---|
| הִגִּיד | יַגִּיד | וַיַּגֵּד | הַגֵּד | הַגִּיד | *hi. mitteilen* |
| נִגַּשׁ | יִגַּשׁ | וַיִּגַּשׁ | גַּשׁ | גֶּשֶׁת | *s. nähern* |
| הִנִּיחַ | יַנִּיחַ | וַיַּנַּח | הַנַּח | הַנִּיחַ | *hi.II legen* |
| נָטָה | יִטֶּה | וַיֵּט | נְטֵה | נְטוֹת | *neigen* |
| הִכָּה | יַכֶּה | וַיַּךְ | הַךְ | הַכּוֹת | *hi. schlagen* |
| נָפַל | יִפֹּל | וַיִּפֹּל | נְפֹל | נְפֹל | *fallen* |
| נָשָׂא | יִשָּׂא | וַיִּשָּׂא | שָׂא | שְׂאֵת | *tragen* |
| נָתַן | יִתֵּן | וַיִּתֵּן | תֵּן | תֵּת | *geben* |
| סָבַב | יָסֹב | וַיָּסָב | סֹב | סֹב | *umgeben* |
| עָלָה | יַעֲלֶה | וַיַּעַל | עֲלֵה | עֲלוֹת | *hinaufgehen* |
| עָנָה | יַעֲנֶה | וַיַּעַן | עֲנֵה | עֲנוֹת | *antworten* |
| עָשָׂה | יַעֲשֶׂה | וַיַּעַשׂ | עֲשֵׂה | עֲשׂוֹת | *machen* |
| צִוָּה | יְצַוֶּה | וַיְצַו | צַוֵּה | צַוּוֹת | *pi. befehlen* |
| קָם | יָקוּם | וַיָּקָם | קוּם | קוּם | *aufstehen* |
| קָרָא | יִקְרָא | וַיִּקְרָא | קְרָא | קְרֹא | *rufen* |
| רָאָה | יִרְאֶה | וַיַּרְא | רְאֵה | רְאוֹת | *sehen* |
| שָׁב | יָשׁוּב | וַיָּשָׁב | שׁוּב | שׁוּב | *umkehren* |

## 6. Nomina eigentümlicher Bildung

| | | St. abs. | St. cstr. | mit ePP |
|---|---|---|---|---|
| *Vater* | **Sg.** | אָב | אֲבִי | אֲבִיכֶם אָבִיךָ אָבִי |
| | **Pl.** | אָבוֹת | אֲבוֹת | אֲבוֹתֵיכֶם |
| *Bruder* | **Sg.** | אָח | אֲחִי | אֲחִיכֶם אָחִיו אָחִי |
| | **Pl.** | אַחִים | אֲחֵי | אֲחֵיכֶם אֶחָי׃ פ׃ אַחַי |
| *Schwester* | **Sg.** | אָחוֹת | אֲחוֹת | אֲחוֹתִי |
| | **Pl.** | | | אֲחְיוֹתָיו אַחְיוֹתַי<br>אֲחוֹתֵיכֶם |
| *Mann* | **Sg.** | אִישׁ | אִישׁ | אִישִׁי |
| | **Pl.** | אֲנָשִׁים | אַנְשֵׁי | אַנְשֵׁיהֶם |
| *Frau* | **Sg.** | אִשָּׁה | אֵשֶׁת | אִשְׁתּוֹ |
| | **Pl.** | נָשִׁים | נְשֵׁי | נְשֵׁיהֶם נָשָׁיו |
| *Magd* | **Sg.** | אָמָה | | אֲמָתִי |
| | **Pl.** | אֲמָהוֹת | אַמְהוֹת | אַמְהוֹתַי |
| *Haus* | **Sg.** | בַּיִת | בֵּית | בֵּיתוֹ |
| | **Pl.** | בָּתִּים | בָּתֵּי | בָּתָּיו |

| | | St.a. | St.c. | mit ePP |
|---|---|---|---|---|
| *Sohn* | **Sg.** | בֵּן | בֶּן־ | בִּנְךָ בְּנִי |
| | **Pl.** | בָּנִים | בְּנֵי | בְּנֵיכֶם בָּנַי |
| *Tochter* | **Sg.** | בַּת | בַּת | בִּתּוֹ |
| | **Pl.** | בָּנוֹת | בְּנוֹת | |
| *Tag* | **Sg.** | יוֹם | יוֹם | |
| | **Pl.** | יָמִים | יְמֵי | יְמֵיכֶם יָמָיו |
| *Gerät* | **Sg.** | כְּלִי | כְּלִי | כֶּלְיְךָ |
| | **Pl.** | כֵּלִים | כְּלֵי | כְּלֵיכֶם |
| *Wasser* | **Sg.** | מַי | | |
| | **Pl.** | מַיִם | מֵימֵי מֵי | מֵימֵיהֶם מֵימַי |
| *Stadt* | **Sg.** | עִיר | עִיר | עִירִי |
| | **Pl.** | עָרִים | עָרֵי | עָרֵיהֶם |
| *Mund* | **Sg.** | פֶּה | פִּי | פִּיךָ פִּי |
| | **Pl.** | פִּיּוֹת | | |
| *Haupt* | **Sg.** | רֹאשׁ | רֹאשׁ | רֹאשִׁי |
| | **Pl.** | רָאשִׁים | רָאשֵׁי | |
| *Name* | **Sg.** | שֵׁם | שֶׁם־ שֵׁם | שְׁמִי |
| | **Pl.** | שֵׁמוֹת | שְׁמוֹת | שְׁמוֹתֶיךָ |
| *Himmel* | **du.** | שָׁמַיִם | שְׁמֵי | שָׁמָיו |

## 7. Die wichtigsten Lautfolgen – eine Übersicht

### Qal

| | | | |
|---|---|---|---|
| o-e | *kotev* | כֹּתֵב | Pt.m.Sg. |
| o-ä-ä | *kotävät* | כֹּתֶבֶת | Pt.f.Sg. |
| ā-u | *kātuv* | כָּתוּב | Pt.m.Sg.pass. |
| | | | |
| i-o | *jichtov* | יִכְתֹּב | 3.Sg.m.PK |
| ā-a | *kātav* | כָּתַב | 3.Sg.m.AK |
| | | | |
| e-o | *ketov* | כְּתֹב | Inf.c./Imp.Sg.m. |
| ā-o | *kātov* | כָּתוֹב | Inf.a. |

### Hifil

| | | | |
|---|---|---|---|
| a-i | *machtiv* | מַכְתִּיב | Pt.m.Sg. |
| a-i | *jachtiv* | יַכְתִּיב | 3.Sg.m.PKLF |
| a-e | *jachtev* | יַכְתֵּב | 3.Sg.m.PKKF |
| i-i | *hichtiv* | הִכְתִּיב | 3.Sg.m.AK |
| | | | |
| a-i | *hachtiv* | הַכְתִּיב | Inf.c. |
| a-e | *hachtev* | הַכְתֵּב | Inf.a./Imp.Sg.m. |

### Nifal

| | | | |
|---|---|---|---|
| i-ā | *nichtāv* | נִכְתָּב | Pt.m.Sg. |
| i-ā-e | *jikkatev* | יִכָּתֵב | 3.Sg.m.PK |
| i-a | *nichtav* | נִכְתַּב | 3.Sg.m.AK |
| i-ā-e | *hikkātev* | הִכָּתֵב | Inf./Imp.Sg.m. |

### Hitpael

| | | | |
|---|---|---|---|
| i-a-e | *mitkattev* | מִתְכַּתֵּב | Pt.m.Sg. |
| i-a-e | *hitkattev* | הִתְכַּתֵּב | Inf./Imp.Sg.m. |

# *G. Anhang*

## 1. Die wichtigsten grammatikalischen Begriffe und ihre Abkürzungen

| | |
|---|---|
| a. / abs. | absolutus |
| Affix | angefügte(r) Buchstabe(n) |
| Afformativ | angefügte(r) Buchstabe(n) |
| AK | Afformativkonjugation, „Perfekt" |
| Aktionsart | s. Binjan |
| Aphairesis | Aphäresis, Elision: Wegfall des anlautenden Radikals |
| Apokope | KF, Wegfall des auslautenden Radikals |
| Aspekt | s. Binjan |
| Assimilation | Verschmelzung eines Buchstaben mit dem Nächsten (im Hebr. meist *nun*) |
| Binjan | Stamm, Aspekt, Aktionsart (morphologische Änderung des Verbums zur Erzielung einer Bedeutungsmodifikation) |
| c. | a) constructus b) communis (= für beide Geschlechter) |

| | |
|---|---|
| com. | communis (= für beide Geschlechter) |
| Elision | s. Aphairesis |
| ePP | enklitisches Personalpronomen (Suffix) |
| f./fem. | feminin, weiblich |
| Inf. | Infinitiv |
| Infix | eingeschobener Buchstabe |
| i.p. | in pausa (besonders betont) |
| KF | Kurzform |
| Kurzform | apokopierte bzw. konsekutive Formen im Jussiv bzw. Pkו |
| Langform | normale PK-Form („Indikativ") |
| Laryngal | Guttural, Kehllaut |
| LF | Langform |
| m./masc. | maskulinum, männlich |
| Nf | Nebenform |
| NoS | Nominalsatz |
| NoSäq | Nominalsatzäquivalent |
| NoSpt | partizipialer Nominalsatz |
| NP | Nominalphrase (=NoSäq.) |
| N.pr. | Nomen proprium (Eigenname) |
| Paenultima | vorletzte Silbe |
| PK | Präformativkonjugation, „Imperfekt" |
| Präfix | vorangestellte(r) Buchstabe(n) |

| | |
|---|---|
| Schoresch | dreiradikalige Verbalwurzel |
| Schwäche | ein oder mehrere Buchstaben quieszieren oder elidieren |
| SE | Sinneinheit, Syntagma |
| St.a. | status absolutus (allein, absolut stehendes Nomen) |
| St.c. | status constructus (auf ein anderes Wort hin konstruiertes Nomen) |
| Stamm | a) Die ursprünglichen Konsonanten im Gemeinsemitischen (z.B. malk > *mäläch*) b) Binjan (s. dort) |
| Stärke | Ein Guttural (Laryngal) bzw. *resch* ist im Wort |
| Suffix | nachgestellte(r) Buchstabe(n) (im Hebräischen verwendet als Bezeichnung für ePPs) |
| Ultima | letzte Silbe |
| VS | Verbalsatz |

## 2. Index

## 3. Literaturhinweise


H. Bauer u. P. Leander, Historische Grammatik der hebräischen Sprache des Alten Testaments, Halle 1922 [Bauer-Leander]

J. Blau, A Grammar of Biblical Hebrew, Wiesbaden 1976

W. Gesenius, Hebräische Grammatik (neubearbeitet von E. Kautzsch), Berlin 1909[28] [GK]

W. Groß, Syntaktische Erscheinungen am Anfang althebräischer Erzählungen: Hintergrund und Vordergrund, VTS 32, 1981, 131-145

ders., Verbform und Funktion. Wayyiqtol für die Gegenwart? ATS 1, 1976

ders., Otto Rößler und die Diskussion um das althebräische Verbalsystem, BN 18, 1982, 28-78

H. Irsigler, Einführung in das Biblische Hebräisch, ATS 9/1, 1981

E. Jenni, Lehrbuch der hebräischen Sprache des Alten Testaments, Basel 1981[2], 2003[3]

P. Joüon, Grammair de l'hébreu biblique, Rom 1923[2]

F. Matheus, PONS Kompaktwörterbuch Althebräisch, Stuttgart 2006

Ch. van der Merwe u.a., A Biblical Hebrew Reference Grammar, Sheffield 1999

R. Meyer, Hebräische Grammatik I-IV, 1966-1972, jetzt: Berlin 1992 (I-IV in einem Band)

D. Michel, Grundlegung einer hebräischen Syntax I, Neukirchen 1977

W. Richter, Grundlagen einer althebräischen Grammatik, I-III, ATS 8.10.13, 1978-1980

W. Schneider, Grammatik des biblischen Hebräisch, München 1974, 1990[7], Neubearbeitung 2001

W.R. Scott, A Simplified Guide to BHS, N. Richland Hills 1995[3]

H.-P. Stähli, Hebräisch Kurzgrammatik, Göttingen 2004[3]

D. Vetter, Satzformen prophetischer Rede, in: Werden und Wirken des Alten Testaments, FS C. Westermann, hg. Von R. Albertz u.a., 1980, 174-193

G. Weil, Massora Gedolah, Rom/Stuttgart 1971

B.K. Waltke/M. O'Connor, An Introduction to Biblical Hebrew Syntax, Winona Lake 1990

R. Wonneberger, Leitfaden zur Biblia Hebraica Stuttgartensia, Göttingen 1986[2]

E. Würthwein, Der Text des Alten Testaments, Stuttgart 1988[5]